LET'S HONEYMOON
AROUND THE WORLD!

從澳洲、
俄羅斯到北歐
異想天開的爆笑跨國
Honeymoon

東南西北度蜜月

譚蔚欣（Suki McMaster）／著

前言
PREFACE

　　度蜜月總是會讓人聯想到陽光與海灘，像是馬爾地夫、峇里島、夏威夷……這些國家才是美麗與浪漫的結合，誰會想到有人度蜜月會去俄羅斯呢？

　　我們的蜜月旅行，從澳洲雪梨出發，到北京、俄羅斯以及芬蘭北部北極圈裡的伊納里（Inari）看極光，真的是東南西北各國的領土都走了一遭！大家別以為只有比基尼泳衣和在沙灘上邊喝香檳邊按摩才是蜜月旅行——原來，穿得像個粽子般的蜜月旅行，也有讓人特別回味的浪漫啊！

　　旅行，也許就是因為總是充滿著這些讓人措手不及的驚喜，才會讓人那麼著迷吧？

目錄

PART 01

PART 02

PART 03

086 世界最完美
的國度

目錄

PART 04

144 哈囉！
瑞典

PART 05

158 回程

「沒想到只是加上一個國家而已，就可以把整個旅程變得那麼高級？」

度蜜月囉！

HONEYMOON

　　我們的蜜月旅行其實非常沒有計劃，結婚快要半年了才想起來「啊！原來我們還沒有度蜜月啦」，於是這才開始著手準備。原本，我們已經訂好去夏威夷的遊輪，不過在付錢的那一刻，我那歐巴桑的個性突然跳了出來，居然想看看有什麼機票在特價！我呢，最喜歡貪小便宜又三心二意，所以看到中國網站上的俄羅斯機票有特價，二話不說就把蜜月旅行的目的地從夏威夷改成俄羅斯！我記得那個晚上麥生在上夜班，我打電話給他：「喂，肥仔，你要不要去俄羅斯？」麥生那時一定以為我是在嚇唬他，什麼俄羅斯啊，開玩笑吧？他支支吾吾地跟我說：「Honey，你喜歡怎樣就怎樣吧……」哦，真的嗎？於是我立刻就把機票買下來了！

　　第二天麥生看信用卡的賬單：「咦？機票怎麼會那麼貴？」我也傻眼了，為什麼跟去夏威夷的價錢差不多？不是有特價嗎？原來……我真是個大笨蛋！居然還在用幾年前的匯率來計算價錢！我的天啊，我

到底是從什麼世紀來的？強國人現在已經非常強大，我居然忘記了他們的錢幣也非常值錢了呀！為什麼我連這個也沒有想到呢？我這種人憑什麼去國外旅行呢？真是太白癡了！

　　唯一慶幸的是我嫁給一個非常怕死的老公，他因為害怕我在他面前崩潰，所以搖身一變成為了賭神周潤發，很豪爽地把籌碼都往桌上一推，然後說：「俄羅斯就俄羅斯！我們出發吧！」啊，老公，你為什麼那麼好呢？我們是去俄羅斯喝伏特加，不是去夏威夷喝雞尾酒啊！你真的想好了嗎？

　　也許是因為太羞愧了，所以我努力地想把這個蜜月旅行變得美好一些……我想，既然要在中國轉機到俄羅斯，那麼不如去北京看看吧？但是，度蜜月只是去這些共產國家是不是太過分了，跟夏威夷的差別太大了吧？俄羅斯旁邊還有什麼國家可以去呢？（請原諒我是個地理白癡，有時甚至連非洲和南美洲還會搞混……）

　　啊，原來完美的國度──北歐就在旁邊！我其實還是那時候才知道原來聖彼得堡跟芬蘭的距離這麼近！於是，我們的蜜月旅行一下子變成了北歐極光蜜月之旅！沒想到只是加上一個國家而已，就可以把整個旅程變得那麼高級？

　　於是行程就這樣訂好了！

Sydney（**Australia**）雪梨（澳洲）
Nanjing（**China**）南京（中轉到）Beijing（**China**）北京 **3** 天

 Moscow（**Russia**）莫斯科（俄羅斯）**6** 天
Saint Petersburg（**Russia**）聖彼得堡（俄羅斯）**5** 天

 Helsinki（**Finland**）赫爾辛基（芬蘭）**1** 天
Tallinn（**Estonia**）塔林（愛沙尼亞）**1** 天

 Helsinki（**Finland**）赫爾辛基（芬蘭）

 Rovaniemi（**Finland, Lapland**）羅瓦涅米（芬蘭，拉布蘭）**1** 天

 Inari（**Finland Lapland**）伊納里（芬蘭，拉布蘭）**4** 天

 Helsinki（**Finland**）赫爾辛基（芬蘭）**1** 天
Stockholm（**Sweden**）斯德哥爾摩（瑞典）**1** 天

 Helsinki（**Finland**）赫爾辛基（芬蘭）**1** 天
Moscow（**Russia**）莫斯科（俄羅斯）**2** 天
Beijing（**China**）北京 **3** 天
Sydney（**Australia**）雪梨（澳洲）

行前準備
GET READY!

「他抽動的嘴角已經
偷偷地出賣了他。」

這次旅行前的準備，比想像中困難得多！

首先，到俄羅斯是要辦理簽證的，我有香港護照所以不需要，但麥生就必須申請俄羅斯和中國的簽證。除此之外，莫斯科和芬蘭的飯店都非常貴，所以又花了很長時間去研究落腳處。還有火車票，芬蘭的火車其實不會太難訂，但從莫斯科到聖彼得堡的車票就真的讓人心煩。俄羅斯的火車網站本身就很奇怪，要找到買票的網頁已經不容易，還得去其他英語網站對照火車的俄文名稱和時間，再回去官網買火車票……而且俄羅斯火車車票得在出發前三個月才可以確定（其他旅行社可以提前買到車票，但還是要等三個月前才可確認出票），但因為簽證必須看車票、

機票和飯店的確認，這麼一來，辦簽證的時間就變得非常緊了。

我生平最討厭的就是辦簽證，又費神又折騰，麥生的俄羅斯簽證尤其磨人！（唉，哪個國家的簽證是簡單的呢？）表格必須要在網上填好，然後帶著機票、火車票和飯店發出的邀請函，才可以去領事館申請簽證。

對，你沒看錯，飯店要給我們邀請函——這個其實不難，總結來說只要花錢就可以了，旅行社和相關網站都可以辦到，而且不用什麼證明，告知護照資料和抵達時間就可以了。

第一次去領事館，我們把離開俄羅斯的日期寫錯了一天，領事館的大哥說，因為我們在網路上填表格時所有資料都已經建檔了，他無法修改，所以必須回家把整份表格重新再寫一次。好吧，既然如此，我們只好再填一次表格。俄羅斯不愧是個沉醉在歷史洪流的國家，申請簽證時，表格裡必須巨細靡遺地寫上你所有的事情，包括幼稚園在哪裡讀、畢業分數是幾分……統統都要寫！如果每個人都像我讀了那麼多書，得把生平完完全全寫出來，俄國的領使們恐怕應接不暇！

麥生是個超怕麻煩的人，第一次填表時他已經覺得忿忿不平了，第二次填的時候他簡直要瘋掉。沒想到，把文件送到領事館時，那個大哥告訴我們，「飯店邀請函」年份錯了——真是的，非得要等第二次才跟我們說這個錯誤，這時麥生已經跟我說他已經不想去俄羅斯了；但

　　我想，就再給俄羅斯一次機會吧，想當年我辦澳洲簽證時也是費盡千辛萬苦，他活到今天才第一次辦理簽證，這種煎熬算什麼呢？

　　於是我們聯絡了飯店，拿到新的邀請函，我代要上班的麥生前往領使館，沒想到這次居然還沒有拿到簽證！為什麼呢？因為麥生把自己的名字寫錯了！連自己的名字都可以寫錯，我還有什麼可說的呢？當領使館大哥（還是同一人）跟我說「他的名字拼錯了」，他抽動的嘴角已經偷偷地出賣了他──我想，我們倆應該是他有生以來遇過最可笑的客人吧？

　　這讓人無地自容的景況，卻也激發了我內心的鬥志，我誓死

悟空、魔人普烏皆為漫畫家鳥
山明作品《七龍珠》之角色。

成為宇宙最強的戰士，把這個該死的簽證弄到
手！好吧，既然已經丟臉掉到俄國去了，我乾脆
去找麥生的媽媽幫忙檢查表格，我心想，這次準
不會再出問題了，媽媽像幫我們檢查功課一樣審
核表格，簽證應該會到手才是！但是啊但是，正
當悟空以為可以打敗魔人普烏時，魔人普烏就使
出了大絕招……那天，我信心滿滿地去俄國領使
館交表格，俄國大哥（還是同一個人啊）就像見
到老朋友一樣，先問候了我一番，然後突然殺
我一個措手不及地問：「咦？你上次是錯了什
麼？」天啊！難道要我說「之前把自己的名字寫
錯了」你才願意給我簽證？丟臉一次不夠，還要
我再丟一次是不是？壓住怒氣，我敷衍地說把日
期寫錯了，還好他很識相，只是說「是嗎？」就
不再問了，不然我可能會發火把領事館給燒了
——總之呢，這次還是拿不到簽證，因為這位大
哥現在才告訴我，由於回程要從莫斯科飛回北
京，所以中國的簽證一定要先拿到，才可以申請
俄羅斯簽證！

折騰了兩個月之後，原本要放棄去俄羅斯的我
們終於打敗了魔人普烏，順利拿到簽證，而我們
的共產極光蜜月旅行就這麼開始了！

PART 01

從
雪梨
到
北京

SYDNEY
BEIJING

從雪梨到莫斯科其實有很多不同的航線，
既然如此，為什麼我們選擇在北京轉機呢？
其實我自己已經去過北京好多次了，
可是麥生從來沒有去過中國，
所以嘛，如果去中國不去北京，
不讓他去觀摩毛主席在天安門的那張永垂不朽的照片，
他以後怎麼向澳洲的鄉親父老交代呢？

BEIJING

·北·京·印·象·

在北京很多景點都有這樣的安檢處，裡面有 X 光掃描，非常有模有樣，但是走過安檢的人都知道，裡面的人似乎一點都不在乎我們到底安不安全。

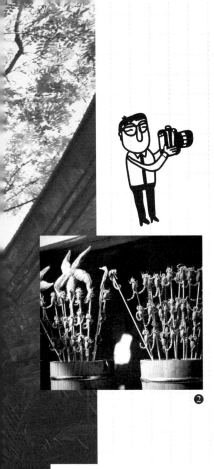

1. 北京的胡同步行街是我們最喜歡逛的地方,有一天我們買了小吃在路邊吃,居然有很多年輕人在拍麥生的照!

2. 外國人總是對亞洲人的食物充滿質疑,我記得剛認識麥生的時候,他跟我說他以為在亞洲現在還有人生吃猴子腦!其實也難怪外國人會這麼想,大家看看王府井食街上賣的都是什麼東西吧……

3. 故宮真是又神祕又漂亮,地方大得可怕,這樣一個地方是怎樣保留到今天的呢?

在澳洲從來沒有見過這樣會倒數的紅綠燈!麥生覺得這個紅綠燈很實用,幾乎每次過馬路都會對紅綠燈讚不絕口。可是我想,只有你遵守規矩才會覺得這個燈有用啦,你看在這裡都沒有人看紅綠燈的呀,它再好,也不過是個陪襯品而已……

在很多國家,跟軍人、警察拍照其實不是那麼嚴肅的事,但是我卻因為想拍這張照而被警察大罵了一頓!

FROM SUNRISE TO SUNRISE

二十四小時的飛行

「地勤小姐非常謹慎地問我們有沒有帶易燃物品，
我真的很想說：『那個易燃物品就是我本人！』」

其實從雪梨去北京應該很快，大概十二個小時左右，但我買的飛機票居然要在南京轉機！我發現的時候真的非常生氣，因為在網上買機票的時候，我看了幾家航空公司都要在廣州轉機，於是特地選了一家沒有說要轉機的航空公司；但當我在雪梨 check in 時，地勤小姐說：「飛機會停南京哦！」我的血壓就馬上飆升了！幹嘛不早說呢？連機票上也沒有標示要轉機啊！早知道就訂別的班機，不然在香港轉機也行，幹嘛要去南京啊！而且麥生登機前上了十二小時的夜班，在飛機上也睡不好，那就是說他至少有二十四小時無法休息，現在還要轉機……一想到這裡我都要氣到爆炸了！地勤小姐非常謹慎地問我們有沒有帶易燃物品，我真的很想說：「那個易燃物品就是我本人！」

經過南京的時候，我們以為要到北京的乘客應該待在飛機上就好，結果不是，我們必須要把隨身行李都帶下飛機，在南京過安檢──這是什麼邏輯啊？我又不是要去南京！

而且機組人員完全沒有給我們明確的指示，要怎麼做？要在哪裡等？就只是說「把所有東西都帶走，在南京過關」──我真是氣到要爆炸了！而且明明是一個國際航班，飛機上卻沒有一個機組人員會說英文，幾個外國乘客也非常迷惘，我只好幫忙大家翻譯，不然所有人都在雞同鴨講……其實我的內心非常不爽、超想大鬧南京機場，可是

快要累死的麥生勸我不要動怒，不然旅程還沒有開始我也許就得在南京坐牢了。

　　一番驚濤駭浪之後我們終於又上了同一架飛機，我的心裡還是很不高興，而且又熱又累又餓——朋友常說碰上我餓肚子的狀況是最可怕的。欸，偏偏就有人在這種時勢遇上了我，在起飛時還一直看影片不收起電腦。我想，又不是在開會什麼的，晚幾分鐘去看你那該死的影片不行嗎？於是我臉上的青筋爆顯了出來，跟那位很想看影片的先生說：「先生，請您把電腦關上。」但是強國人嘛，人家那麼強才不搭理你呢；過了兩分鐘，這位先生還是不關電腦，他也許沒有注意到我其實在替他倒數末日的來臨！於是，我馬上請空姐過來，但她只是很官方地說：「啊！先生，飛機很快要起飛了，請把電腦關上。」然後就走了。

　　其實我真的不懂，為什麼大家總要在廣播「飛機很快就要起飛了，請大家把電子用品關上」之後還是要再打個電話才開心？上飛機之前打電話跟飛機起飛之前一秒打的區別在哪裡？我實在不能接受這種沒有品德的旅客！

　　空姐走了之後，那個人又再次拿出來他的電腦，我實在受夠了：「先生麻煩你把電腦關上好不好！如果你想死的話可以自己去死呀！」然後，全機一片死寂。

　　麥生看到我的臉已經知道我很想殺人，但是他肯定不知道我已經叫人去死了！他很焦急地問我說了什麼，又害怕我會被強國人打，要我不要再管那個人了，我說我只是要他把電腦收起來，而事情就這樣結束了。事後強國人沒有打我，也沒有再打開電腦了。

AUSTRLIAN IN CHINA

帶著老外去北京

其實我自己已經去過中國無數次，但是帶著老外這還是第一次。反正會被騙已經是意料中事，出發之前我已經跟麥生提醒要提高警覺，人家跟他說話的時候要小心。我教了他三個中文詞語「您好」、「不用」、「謝謝」，事後他跟我說這是他學過最有用的中文，雖然他說謝謝的機會不大，但是「不用」這個詞基本上天天都派上用場！

出發之前，我朋友跟我提及她第一次帶男朋友（也是外國人）去北京的經歷。她說，逛街時有人跟她男友攀談起來，而且兩個人聊得很投機，於是那位中國朋友說了：「咱們聊得那麼愉快，不如一起去喝杯茶吧？」她男朋友當下就答應了，結果啊，那杯茶居然要五百塊人民幣！我朋友都要哭出來了，但是沒有辦法啦，茶都喝了，你能不給錢嗎？事情就是這樣無奈！所以外國人到亞洲還是得小心點。

還好我們在北京時沒有發生過這種事情，或許是我樣子長得很兇，所以沒有人想跟我們說話？反正每次我不在麥生旁邊，他都會被人纏著要不要買東西、要不要拍照、要不要坐

「原來大家以為你也是外國人，所以不要自以為不會被騙！」

胡同步行街
H U T O N G
WALKING STREET

人力車什麼的，但是因為每次麥生都會用普通話說「不用」，大家就笑笑走了。我覺得，其實情況也許沒有我想像得那麼差，如果遊客們會用中文表達「不需要」，大家也會很識相地放棄。麥生覺得這個是尊重的問題，如果有人去澳洲旅遊，但不管到哪裡都一直對當地人說中文，他也不會知道人家想表達什麼，心裡也會覺得很不開心。

不過麥生真是個天真的人，在王府井附近有人跟他說：「我是個繪畫老師，你要不要去參觀我們的畫室？」麥生聽到之後很興奮，他跟那個人聊了幾句之後叫了我過去，他跟那個人說：「我老婆也是繪畫老師耶！」那個人一看到我過來還說我也是個老師，一下子肯定想：「這個老外還真是高招，居然把自己老婆也說成也是美術老師來嚇唬我。」於

是就失去了幹勁，敷衍敷衍就走了。事後我跟麥生說那個人是騙你的啦，我以前也教畫畫，我會不會站在街上叫你去看我的畫？聽我這麼說，麥生覺得很失望，而之後幾天也一直有人叫他去看畫，他才確認自己真的差點兒被騙了。

其實別說是麥生了，連我自己也遭遇過奇怪的事。坦白說我也覺得自己長得很像菲律賓人，小時候跟媽媽逛街的時候，總會有菲傭無緣無故地想跟我聊天，也許她們以為我是媽媽的菲傭（但其實我媽才是我的傭人）？回到正題，某天我們在天安門前拍完照之後想過馬路去故宮，卻找不到過馬路的地方；這個時候，我見到有個中國導遊在等她的團員拍照（剛好她帶的那個團就是菲律賓團），我用中文說：「您好，請問怎麼過去故宮呢？」導遊小姐一臉錯愕，她說：「You can't speak Spanish？」（你不會西班牙文嗎？）啥？難道她以為我是她的團友嗎？那一刻我冷靜地把快要爆出來的青筋收起來，慢慢地用中文再說一次：「我想過馬路

麥生在故宮看到這些動物雕刻的時候，一直問我這些是做什麼的，我不知道怎麼回答，所以跟他說是用手摸的，我說：「你看，被人摸到連顏色都變了！摸了會有好運喔！」結果他信以為真，看到什麼都要摸一下！

去故宮，請妳告訴我怎麼走好嗎？」她才一臉不爽地用中文告訴我應該怎麼走。

我跟麥生說這個搞不清楚狀況的導遊以為我是菲律賓人，他說：「其實南美洲人也說西班牙文，所以也許她以為你是南美洲人，不要那麼生氣。重點是原來大家以為你也是外國人，所以不要自以為不會被騙！」

LOST IN ☹

WONDERLAND

失樂園

　　上次來北京的時候已經是好多年前的事了。我一直很喜歡北京，每次跟北京人說話的時候，都覺得他們講的普通話又快又含糊，就像大家在水底說話一樣可愛。好多次接觸到的北京人都很老實也很有禮貌，對於自己的城市也頗為自豪，說到底北京是個政治和文化中心，誰不自豪呢？

　　這次來到北京，同樣被那些超雄偉的歷史建築震撼，同樣被那些可有可無的社會規則波動著心靈。我知道，北京經歷過奧運和其他種種，撇開這些政治和經濟的因素，以單純作為一個遊客來說，北京還是變了。

「在這些花花世界當中，
我還是想看到以前的那個北京。」

　　以前來到北京，在街上可以買到冰糖葫蘆、烤番薯、炒栗子，可以去西單買便宜的 A 貨，吃飯也很便宜。但是現在的北京有好多名店，街上賣吃的攤子都改成旅行車那樣的攤子了，看著好像真的比較有規劃、有條理（實際上如何我就不知道了），但是同時也覺得很陌生。北京是個老城，但是有很多東西都不再老了，王府井、東方新天地，那麼現代的商場、頂尖的餐廳、高級的飯店，突然間所有東西已經變得不便宜了，要買便宜的東西大家都得去淘寶。作為遊客，我有點失落，在這些花花世界當中，我還是想看到以前的那個北京。

ONE COMMUNIST TO ANOTHER

PART 02

從 ⟵⟶ 到
一個共產　另一個共產

所謂的共產理念，在中國也許已經不存在了，也或者是以
另一種型態在維繫著。從這樣的一個國度進入俄羅斯，我
們不曉得應該要用怎樣的心情去迎接未知的旅程……

莫斯科的交通總是那麼忙碌，朋友說
她寧願走路或騎車也不願意開車。其
實這種說法真的一點都不誇張，我們
坐觀光巴士時總是碰到堵車，最後我
們也覺得還是走路比較好！

MOSCOW

·莫·斯·科·印·象·

1. 每個月出版的莫斯科旅遊指南 Moscow in your pocket 是本
非常實用的手冊，包含莫斯科基本旅遊資訊，也有每個月
各種展覽和活動的時間表。可於網路下載或在飯店索取。
網址：www.moscow.inyourpocket.com

2. 莫斯科很多咖啡廳有免費上網，只要看到有 WIFI 的標誌
都可以隨便使用，只要把電話或者電腦的 WIFI 開啟就可
以了，非常方便！

❸

❹

莫斯科有環繞著市區的 Hop-On Hop-Off 觀光巴士，大家可以憑著二十四小時有效的車票隨便上下車。巴士間距約二十分鐘，車上有不同語言的廣播介紹莫斯科歷史古蹟，非常適合自助旅遊。車票可以在網站或車上購買，很方便！

網　址：www.city-sightseeing.com/tours/russia/moscow.htm

3. 我們住的 Moscow Suites Serviced Apartments 雖然較貴，但服務很棒，設備很新，網路速度快，還有獨立廚房和洗衣機。若要在莫斯科待一段時間，又有幾個朋友可分攤費用，其實還滿划算的。

4. 我們另外買了觀光巴士公司的遊船（套票）圍繞著莫斯科河遊覽，我覺得坐這個船比坐巴士還要舒服，而且在河上看莫斯科另有一番風味，值得參加。

在莫斯科市區大家可以看到這些搶眼的紅色自行車，只需要在網站登記個人資料就可以租用，前三十分鐘是免費的。如果想騎著自行車去遊覽這個夢幻的城市，記得先登記好再出發。

網址：www.velobike.ru

「你要不要問我一些問題啊？
你知道我會說俄語的謝謝嗎？」

MAGICAL MOSCOW

夢幻莫斯科

　　從北京到莫斯科的飛行時間為七個小時，到達莫斯科時已經是晚上九點了。出發前我們大費周章地把機票、飯店和行程都影印了三份，結果莫斯科的海關比我想像中的要隨便很多，花了兩個月才拿到的簽證，結果海關小姐看也不看、問也不問就讓我們過關了，我的內心頗為無奈，真的很想跟海關小姐說：「你要不要問我一些問題啊？你知道我會說俄語的謝謝嗎？」

　　不過我覺得他們應該有更重要的事情要去應付，那就是其他乘客的行李！話說我們坐的這個海南航空其實是個很大方的航空公司，它讓每個乘客有四十公斤的行李，但卻沒有說明俄羅斯入境處只讓大家帶二十公斤入境，所以大家就像搬家一樣把東西拿到俄羅斯，卻入不了境。當我們用世界冠軍的速度過境之時，那些像螞蟻搬家的乘客卻全部卡在海關要罰錢了，真是可憐啊！

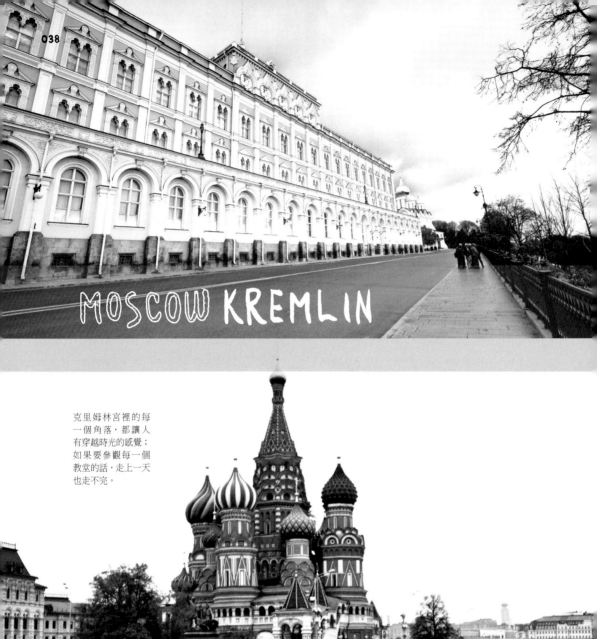

MOSCOW KREMLIN

克里姆林宮裡的每
一個角落,都讓人
有穿越時光的感覺;
如果要參觀每一個
教堂的話,走上一天
也走不完。

克里姆林宮
MOSCOW KREMLIN

開放時間：10:00-17:00，Armoury chamber10:00、
12:00、14:30、16:30，週四公休
售票時間：09:30-16:30
網址：www.kreml.ru（可購買入場票）
地鐵站：Alexandrosky Sad 出口

讓人迷惘的克里姆林宮

　　不知道是不是小時候很愛玩 Gameboy 的俄羅斯方塊的關係，一到莫斯科的紅場，就覺得天上會掉下不同形狀的積木！來到俄羅斯不去紅場，就像是去北京全聚德沒有吃烤鴨一樣可惜，但我們兩個都不是醉心於歷史的人，我考高中時歷史甚至還不及格，到現在列寧和史達林的功績我也一點都不清楚。老實説，來俄羅斯的原因很明顯也只是因為機票有特價而已，所以大家也不要期待可以在這本書得到什麼歷史知識，我個人的最大願望只是想成為大家茶餘飯後的笑點話題而已，這樣我就心滿意足了。

　　克里姆林宮好像跟我們有仇，去了三次才順利進入。其實我們也很傻，到了紅場只想在外面拍照，從沒有想過要進去，直到坐完 Hop-On Hop-Off 觀光巴士，聽到有人説「進克里姆林宮要從

另外一個入口哦」，這句話莫名地觸動了我們！但是，克里姆林宮是俄羅斯國家元首的辦公地點，是個關乎國家安全的地方，怎麼可能那麼容易進去呢？

第一次要去的時候，不知道是我們聽不明白還是怎麼樣，大概是有什麼活動，所以路是攔著的，無法進去。我們一直在找售票處，卻怎麼也找不到；其實有指示牌標示紅場對面就是遊客諮詢中心，但是那個路標非常不明顯，也不知道它指的是什麼方向。題外話，我覺得莫斯科這個城市對遊客不是很貼心，有很多地方也沒有英文說明，遊客中心也沒有看見過一次，如果不懂俄語的話確實會很迷惘。

第二次去的時候終於找到入口，但是那天我們運氣不好，克里姆林宮不對外開放，進不了！

第三天終於可以順利進入克里姆林宮了！建議大家

在克里姆林宮裡面偶然拍到的一張照片,莫斯科確實給人這種很夢幻的感覺。

MOSCOW KREMLIN

入場之前要先做好功課，想清楚要去那個教堂，因為每個教堂都有不同收費，所以如果不知道要去哪個教堂的話，有可能買不到票，哪裡也進不了，也可能錯買了最貴的票——這點其實跟大陸很類似，像是買票進了天壇其實也只是進了天壇公園，如果要看天壇的建築就得再另外買票。克里姆林宮的售票處是個很小的地方，而且沒有排隊的說明，大家一下子都擠到門口，誰也不知道怎麼排才是對的。我排隊的時候，有兩個歐巴桑覺得我沒有排隊，她們很大聲地說：「那

MOSCOW KREMLIN

兩個澳洲口音很重的人沒有排隊欸，真是討厭！」
我當時真想說：「不好意思你搞錯了，我是菲律賓
人啦！」

　　因為我們對歷史和宗教的興趣不大，所以只買了
克里姆林宮的入場票。紅場裡面真的很漂亮，非常
值得進去。金色的洋蔥屋頂、橙黃色和湖水藍色的
房子，看著這些教堂和雄偉的建築，一瞬間掉進了
時間的洪流，恍惚間彷彿看到俄國人民在我們面前
經歷著政治的革命和動盪。

1. 在 Hop-On Hop-Off 觀光巴士上看到的莫斯科街道，遠方就是克里姆林宮的紅牆。

2. 在莫斯科市區有免費自行車可使用，不過要先上網登記噢！

3. 專門提供義大利式餃子的餐廳，非常有名氣，可惜菜單沒有英文，所以我們一直沒有試過。

4. 俄羅斯喜歡把正在維修的建築穿上衣服，在帳篷外印上建築以前的模樣。

MAGICAL
MOSCOW

Old Arbat Street 是著名的觀光區，兩旁都是莫斯科的老房子，充滿懷舊氣氛。這裡有好多紀念品商店，大家來的時候記得要砍價喔！

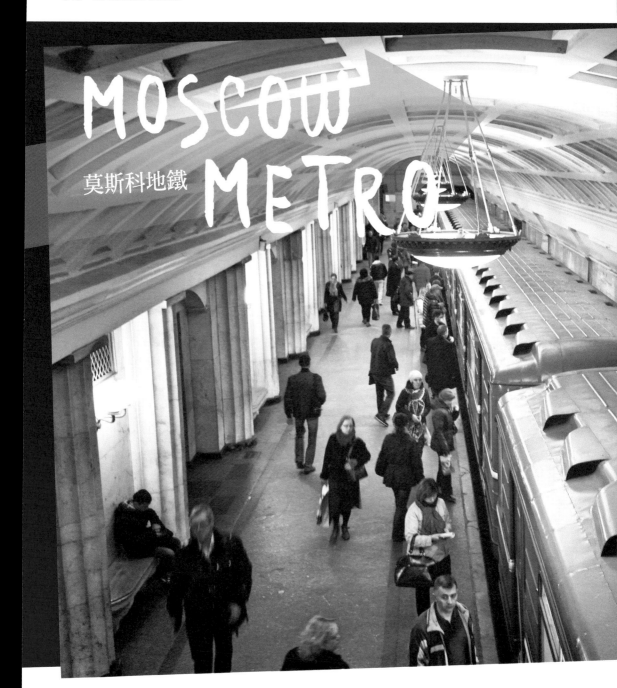

MOSCOW METRO

莫斯科地鐵

「我們亞洲人個子比較小，
最多也只能拍到俄羅斯人的屁股而已啦！」

常常聽到有人讚嘆莫斯科的地鐵站有多美，可是我們卻差一點兒忘記了這個重點行程！雖然《寂寞星球》（Lonely Planet）裡有路線介紹，不過因為莫斯科的地鐵實在過於複雜，而且英文指示不多，於是我們參加了 Hop-On Hop-Off 觀光巴士舉辦的地鐵旅行團。我們的領隊是一個個子小小的女生，是我們在俄羅斯見過最可愛、最友善的女孩，可是她走得很快，而且因為她個子小（跟俄國人比較起來），所以常常一下子就不見人影了！本來是要看地鐵站的，結果大家都忙著找她！

我們的旅行團在下午四點鐘開始，不一會兒人開始多起來。麥生問：「現在已經是尖峰時間了嗎？」導遊小姐回答：「沒有啊，人很多嗎？其實現在的人潮不算什麼的喔。」

對我們兩個從澳洲來的人來說，四點半的莫斯科地鐵站已經非常擁擠了，簡直跟雪梨交通高峰的人潮一樣多！莫斯科地鐵每天輸送著九百萬名乘客，總共有一百九十四個站口，建議大家若是想到這裡拍照，可以安排在離峰時間的時候來。如果在尖峰時間來這裡，可能只能拍到滿滿的人潮，而拍不到站內的景象；而且我們亞洲人個子比較小，最多也只能拍到俄羅斯人的屁股而已啦！

莫斯科地鐵站真的非常漂亮，隨便一個車站裡面都像是美術館一樣，我真的覺得莫斯科市民好幸福啊！

TRAIN ADVENTURE

坐火車，從莫斯科到聖彼得堡

我們在俄羅斯有兩次坐火車的經驗，但每次都提心吊膽！因為火車票是在網路買的，把車票印出來之後，上面也沒有指示注意事項；加上在俄國語言不通，清楚的標示也不多，只能憑感覺去找了！

其實購買俄羅斯火車票是很簡單的，我先在「Russian Trains」（美國網站，http://www.russiantrains.com）輸入日期之後，會顯示那天的火車班次；把想要的列車號碼、名字、時間都寫下來之後，就可以到俄羅斯火車的官網「Russian Railways」去買票了！俄羅斯火車的官網很難懂，購買之前要先在網站登記，然後點進「passengers」，再點「buy ticket online」才可以（http://pass.rzd.ru/main-pass/public/en），買票時必須輸入護照資料。

必須提醒的是，俄羅斯官網要在出發前三個月才可以購買，如果去私人網站的話可以提前至一年，不過也只是訂票而已，真正出票的日子跟俄羅斯官網的時間是一樣的。

「那一刻我突然明白為什麼俄羅斯總是有那麼多的反叛份子。」

冷冰冰的俄國服務員

　　莫斯科有很多火車站，而且每個火車站前往的目的地都不一樣。其實我們也不知道怎麼從莫斯科到聖彼得堡，車票上也沒有說要在那個車站上車……我們只是告訴計程車司機我們要坐火車去聖彼得堡，他就把我們帶去 Leningradsky Station 了！

　　莫斯科的火車站指示嚴重不足，對遊客來說其實不是很方便；但很多俄羅斯人都不會說英文，貿然詢問只會製造更多的誤會，所以我們幾乎都憑直覺去進行。

　　我們在售票處換好真正的車票之後，就在候車大廳等待。這個看起來非常富麗堂皇的大廳，裡面其實空蕩得可憐，只有幾個自動販賣機，連一個小咖啡廳也沒有，真是讓人失望。俄國人給人的感覺本來就已經很冷了，莫斯科的服務態度更讓人失望。不管在餐廳還是在火車上，服務員的表情彷彿他們整個人就是根活生生的冰棍！上車之前有個服務小姐檢查護照和車票，雖然她看起來就像世界小姐一樣美麗，但是冰冷的眼神還是出賣了她，當她在檢查我們的護照的時候，那種感受就跟面對一個機器人般沒有區別。

　　我們從莫斯科到聖彼得堡的火車是特快車，大概四小時就到了。火車的水準其實不錯，也許是因為俄國人個子高大，所以位子很寬，開車之後

會播放俄國電影，也有人推車賣三明治和咖啡，整段旅程讓人感到非常舒暢。

在澳洲，一旦出了市區就是無盡的田園景色，莫斯科也是，但這裡的田園看起來比大陸還要貧瘠。看著眼前的景色，我很好奇，到底俄羅斯的人民知不知道莫斯科有那麼多有錢人？知不知道他們有著二十四小時的高級餐廳？莫斯科的富裕不是普通的富裕，而是每個人都會開勞斯萊斯（Rolls-Royce）的高級汽車，滿街都在賣勞力士等名貴手錶的那種富裕─莫斯科的繁華與農村的破敗充滿了強烈而諷刺的對比，那一刻我突然明白為什麼俄羅斯總是有那麼多的反叛份子。

SAINT

·聖·彼·得·堡·印·象·

PETERBURG

在 Nevsky Prospekt 路上的 House of Books (Dom Knigi) 是一家外表非常漂亮的書店，除了書之外，裡面也可以找到很多可愛的紀念品。

1. 偶然看到停車場的標誌上畫了一個心型的圖案，真是可愛。

2. Hermitage Museum 連天花板也畫了金碧輝煌的油畫，看了一天連脖子都疼了！

3. 聖彼得堡是個「博物館之城」，有超過一百家的博物館和美術館，大家來之前一定要好好計劃啊！

4. 聖彼得堡有好多河道，坐船遊覽這個「北方威尼斯」是最舒服的方法！

Nevsky Prospekt 是聖彼得堡的主要街道，這條街從 Hermitage Museum 一直伸延到 Alexander Nevsky Lavra 教堂，兩旁都是餐廳、商店和旅遊景點，光是在這條街我就可以逛上好幾天！

HELLO

您好！聖彼得堡

SAINT PETERBURG

「如果有兩個帥哥擺在面前，一個是看來高深莫測的酷哥，
一個卻是和藹可親的暖男，那我也會找和藹可親的那個。」

聖彼得堡有著跟莫斯科明顯不同的風格，雖然建築物還是那般雄偉，不過卻換成了巴洛克和新古典主義的歐式風格。

據說彼得大帝在位時鍾情於歐洲文化，因此特別延請義大利建築師來建築聖彼得堡；當時國家石頭數量不夠用來蓋房子和道路，於是彼得大帝設定了「石頭稅」── 也就是説，每個來聖彼得堡的人和船隻必須要繳交一定的石頭當稅，沒有足夠的石頭就不能進城。這個奇異的稅收制度居然實行了六十年之久！對於一個城市的形成和風格，居然只是某個歷史人物的喜好，聽起來真是不可思議。我們澳洲總理喜歡穿著他的小三角褲去海灘游泳，希望他不會有天瘋掉把三角泳褲變成了澳洲的代表！

聖彼得堡比莫斯科商業化，遊客紀念品的商店多不勝數，每個人都會説一口很好的英文，而且非常友善，這一點跟莫斯科差距真的很大！在莫斯科，除了我們在地鐵站的小導遊之外，其他人的神情都很冷漠，連商店裡的售貨員都有著不太友善的感覺。

跟莫斯科一樣，聖彼得堡也有官方的旅遊小冊，介紹旅遊景點和每個月份的活動資訊。我們這本是飯店提供的。

　　也許是因為坐船前來的遊客不需要俄羅斯簽證，所以聖彼得堡的遊客非常多，而街上的士兵和警察的數量也不像莫斯科那麼誇張，整個城市的氣氛讓人感到十分輕鬆。聖彼得堡有很多小河道，幾乎每條河道上都有遊覽船，提供旅客另一種遊覽聖彼得堡的方式；上船之前大家可以注意有沒有英語廣播，會一邊導覽著途經景點的介紹──不過有沒有廣播其實對我們不重要，因為我們忙著拍照也沒有聽清楚，而且我們夫妻倆都是歷史白癡，就算在俄羅斯度過了兩個星期，連十月革命是誰發起的也不是很清楚！

　　聖彼得堡有著美麗的小橋流水與歐洲建築，浪漫的風情讓人忘卻了現實，難怪連莫斯科人也說他們更喜歡聖彼得堡。但我覺得還是莫斯科更富魅力，這個城市總是充滿了戲劇性的巨大房子和高不可攀的莊嚴感，有著深厚歷史的克里姆林宮、紅場，以及史達林風格的富麗建築……世界上只有莫斯科才能有這種格調啊！在莫斯科旅行的那些日子，每次走在街上，我總想像穿著古裝的

公主突然走出陽台引吭高歌的音樂劇劇情！

　　其實，比起莫斯科，聖彼得堡得到的票數比較多我一點也不驚訝，畢竟如果有兩個帥哥擺在面前，一個是看來高深莫測的酷哥，一個卻是和藹可親的暖男，那我也會找和藹可親的那個。而且在聖彼得堡大家都說得一口流利的英語，連吃飯也相對容易一些，誰不喜歡呢？

　　在聖彼得堡，遊輪乘客有七十二小時免簽證的優待，如果大家在聖彼得堡只有一天的時間，又只是到此一遊的心態，大景點彼此距離都不遠，可以漫步前往。如果不喜歡走路的話，大家可以考慮坐 Hop-on Hop-off bus，大概兩個小時就可以看完這些景點了，行程可以參考以下的安排：

艾米塔吉博物館及冬宮
Hermitage, Palace Square（Dvortsovaya ploschad）
冬宮廣場 Alexander Column（Aleksandrrovskaya colonnal）

普希金博物館及紀念公寓 Memorial flat of Pushkin

基督喋血大教堂 Church of the Savior on Blood

俄羅斯國家博物館 Russian museum（Mkihailovsky Palace）

米哈伊洛夫宮 St. Michael's Castle（Engineers' Castle）

阿尼奇科夫橋 Anichkov bridge（Anichkov most）

Shop of merchants Eliseevy, Ekaterina square,
Aleksandrinsky theatre

聖凱瑟琳亞美尼亞教堂 St. Catherine Armenian church, Gostinyi dvor

勝家大廈 House of Books（Singer House）
喀山主教座堂 kazan Cathedral

銀行橋 Bank bridge（Bankovskiy most）

聖彼得和保羅信義宗 St. Peter and Paul Lutheran Church

聖以撒主教座堂 Saint Isaac's Cathedral（Isaakievskiy Sobor）

彼得大帝青銅騎士像 The Bronze Horseman

海軍部大廈 Palace bridge,（Dvortsoviy most）

瓦西里島
Strelka of the Vasilievsky island, Rostral Colimns,
Old Saint Petersburg Stock Exchange

這個世界真是太不公平了，如果我也可以在像俄羅斯這樣的國家長大，也許我的歷史考試就不會不及格，人格也會大大地提升！

THE HERMITAGE MUSEUM

艾米塔吉博物館

　　雖然我跟麥生都不是對歷史感興趣的旅人，但既然來到了聖彼得堡，怎麼可以錯過這個舉世聞名的博物館呢？乘坐遊覽船的時候，就能看到這座雄偉的博物館在涅瓦河（Neva）上展示著自己不平凡的出身，藍綠色配上金色的建築，在河上特別耀眼。

　　艾米塔吉博物館共有六棟建築，包括冬宮、小艾米塔吉、舊艾米塔吉、艾米塔吉劇院、冬宮儲備庫、新艾米塔吉；據相關介紹説，一般人需要花上三天的時間才可以看完這個博物館，如果是很喜歡歷史的人，也許花上一年的時間還意猶未盡吧？因為如此，我跟麥生特別起了個大早，走到博物館的時候還沒有十點，我想，這個時間對遊客來説算是很早了吧？可是我們錯了，還沒有到達博物館，遠遠地就看到排隊的人潮，而且艾米塔吉博物館也維持著一貫的俄羅斯風格——沒有遊客指示！所以亂了一陣子，才確定要到哪裡排隊、買票和進場。

我裡面只穿了睡衣，
我不想把外套脫下！
你自己進去好了，
　　我在這裡等你

你是在開玩笑吧！
我裡面也只是穿了睡衣！
我也不想進去！

　　其實，出發之前我就有看到《寂寞星球》（*Lonely Planet*）上建議大家先在網路上把票買好，可是我們這種人從來不聽別人忠告，結果不聽老人言，吃虧在眼前！走到門口雖然有賣票的機器，可是機器只收現金——我們在前往的路上喝了咖啡，把身上的現金都用盡了，所以看到了機器卻沒錢給！沒辦法，只剩下排隊一途，結果排了好久之後才發現窗口不接受信用卡，要重排另外一個窗口（後來又發現原來衣帽間旁邊就有提款機）……而買好票準備進博物館的時候，門口的守衛跟我們說不能穿外套進場！我們這種土包子又對歷史毫無興趣的人，怎麼知道原來博物館是那麼神聖的地方，連外套都不可以穿進去？

小姐，請你冷靜點。
你在裡面是不會覺得冷的

我也明白，可是這個是我們的規矩

我覺得很冷，必須
要穿著這件外套進去！

我不管！我沒穿這件外套不行！

居然有人這麼厚顏無恥！
我不想認識她！

　　我們千里迢迢從澳洲來到俄羅斯，居然就因為不想脫外套而不進入這個世界第一的博物館，我們還有臉回去面對鄉親嗎？事關重大，於是我很厚顏無恥地去跟守衛理論！

　　最後我們還是脫了，不過這個「脫」是非常值得的！這個漂亮得讓人掉淚的博物館，即使只穿著內褲，也一定要來看！（走到最後發現有幾個比我們更厚臉皮的年輕人，他們只是穿著背心和短褲，而背心還是快要露點的那種！也許他們也是澳洲人吧⋯⋯）

　　我們一直以為，博物館應該都是悶得要死、暗沉沉的地方，但是這個艾米塔吉博物館真是讓人大開眼界！這個華麗的博物館共有六棟建築，其中最有名氣的冬宮也曾是俄國沙皇的家。俄羅斯帝國女皇葉卡捷琳娜二世在一七六二年開始修建這個博物館，她去世之後，歷任俄皇繼續其規劃，並於一八五二年對外開放，艾米塔吉博物館因此成為了世界上最大、最老的博物館！走進博物館，就像走進了沙皇的家，我們再一次穿越了時光，想像著自己帶著高聳的假髮，穿著華美的禮服，與時代洪流中舉足輕重的權貴在此跳舞、開派對的景象⋯⋯

　　俄羅斯的小朋友可以免費進來這個博物館，看著孩子們在地上一邊聽故事一邊寫生，那是多麼讓人妒忌的一個情景（而且小朋友可以穿外套）呀！聖彼得堡的小孩真是幸運，不管上課或生活都與珍貴的文化如此接近，每天都可以呼吸著充滿文藝的氣息，整個人的情操品德也會跟著不一樣吧？這個世界真是太不公平了，如果我也可以在像俄羅斯這樣的國家長大，只要走出門口就可以跟歷史融為一體，學校的課外活動是去博物館看著歐洲藝術作品寫生……那麼也許我的歷史考試就不會不及格，人格也會大大地提升！

　　總之，推薦大家有生之年一定要來這個博物館！我去過英國的大英博物館，也去過中國國家博物館，都沒有俄羅斯的艾米塔吉博物館厲害！連麥生這個歷史白癡也覺得這個博物館很有看頭──大家記得到這裡要脫掉外套，而且在網路先買好票再來啊！

艾米塔吉博物館
The Hermitage Museum

地址：2, Dvortsovaya Ploshchad（Dvortsovaya Square）
開放時間：10:30-18:00（週三 10:30-21:00）
入場費：400 盧布（1 天）／ 500 盧布（2 天），
拍照須另外收費；週四可免費入場
網址：www.hermitagemuseum.org/html_En/index.html，
可下載語音導遊

居然連馬都有盔甲！以前看到的盔甲
通常都放在展示櫃中，這是第一次那
麼近距離看到！光是看到那麼重的盔
甲我都覺得累了，以前的人是怎樣穿
著它上戰場的呢？真難想像！

HERMITAGE MUSEUM

博物館裡有許多金色的裝飾，雖然不知道是真的黃金還是只是上色，但一直看著這些金碧輝煌的佈置，實在是閃得讓人連眼睛都快睜不開了！

博物館的每個房間都非常雄偉，一瞬間以為自己誤闖了電影的拍攝現場！

FOOD

俄·羅·斯·的·料·理

IN RUSSIA

莫斯科和聖彼得堡的餐廳幾乎都是二十四小時營業的──即使不是二十四小時，也會開到很晚才關門。這真的讓我覺得很吃驚，因為我一直以為俄羅斯的人民生活都圍繞著歷史和藝術，大家茶餘飯後會去看《胡桃鉗》或者是《天鵝湖》這種高尚的節目，而不是整個晚上都待在餐廳，吃個沒完沒了的啊！而且俄羅斯不是很冷嗎？在這麼冷的天氣，大家也在外面待那麼久，難道不想早點回家嗎？實在讓人感到敬佩！在澳洲，很多餐廳九點鐘就關門了，二十四小時的餐廳也只有麥當勞而已！

Биггере

不懂俄語也沒關係！

我們第一天到達莫斯科已經很晚了，Check in 之後更是超過十點，所以我們在俄羅斯的第一餐居然是肯德基！俄羅斯的肯德基很好吃，其中 Биггере 是個有培根的雞腿漢堡，雖然不知道正式的中文名稱，但是美味得讓人印象深刻！而且這裡的肯德基不賣汽水而是賣啤酒，那個啤酒杯比「全家分享餐」的桶子還要高！俄羅斯的人難道這麼喜歡喝啤酒嗎？

這些都是手工製作的糖果喔

我們一直以為不管在哪個國家都可以靠吃麥當勞和肯德基過活，反正它們的套餐在每個國家都差不多，不管怎麼樣應該都不會餓死吧？可是當我們自信滿滿地走進肯德基之後，發現菜單都是俄語的，而服務員當然也不會英文──那一刻，我們的內心受到了極大的衝擊，竟然連點一個餐都做不到！最後我們決定以後不管到哪裡，身上一定會帶著紙和筆，靠圖片選菜單以後，把高高在上的菜單的俄文抄下來，再拿給服務員看──這個辦法真是可

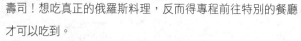

行，我們成功地點了好多美食！不過，這也不是萬無一失的方式，有一次我們去了一個餐廳，菜單上一張圖片都沒有，實在讓人束手無策！

日本料理正流行！

誰會想到俄羅斯現在流行著日本料理呢？俄國人喜愛壽司的程度，誇張到在義大利餐廳的菜單上也可以看到壽司！想吃真正的俄羅斯料理，反而得專程前往特別的餐廳才可以吃到。

據說以前俄羅斯人民生活貧窮，因此傳統的俄羅斯料理皆是以一般農作物為主，比如馬鈴薯之類的蔬菜，所以賣點不大。我小時候來過俄羅斯，當時導遊一直強調「俄羅斯大餐是彷若天堂才有的食物」，結果放在我們桌上的卻是雞腿、黑麵包和一點魚子醬！年少無知的我不懂魚子醬的價值，對雞腿和黑麵包卻一直充滿疑惑──沒想到二十年之後再來俄羅斯，雞腿和黑麵包已被壽司所取代！在聖彼得堡的時候，迴轉壽司的店舖隨處可見，在莫斯科雖然少一些，但卻有更多正宗的日本料理餐館，連炒飯和餃子也非常美味，真是讓人嚇了一跳！其實我連俄羅斯人有「吃米飯」這種習慣也不是很清楚，還以為米飯主要是亞洲南方的主食；在俄羅斯一邊看著十八世紀的風景一邊吃壽司，那是多麼詭異的一個場景呀！

在俄國吃中式料理很高級！

在莫斯科沒有看到中式餐館，連澳洲人最愛的泰國餐館也沒有。由於俄羅斯跟中國有邦交，我以為中式料理在俄國應該很受歡迎，但日

你好飯店

地址：Nevskiy Ave., 78, St. Petersburg 191025, Russia
營業時間：週日至週四 10:00-03:00，週五、週六 10:00-06:00
價格：偏高，晚餐大概 20 美金一人
網址：http://www.nihaorest.com

本料理竟然勝過了中國菜！其實我這個人真是個「飯桶」，才到了
俄羅斯不到兩個星期，我就非常想吃飯！終於，我們誤打誤撞地在
聖彼得堡找到了這家「你好飯店」，如願吃到了中式料理，這家餐
廳應該是我們在旅程中吃過最好的中餐！東西都做得很正宗，不像
澳洲的中國餐館總會做酸甜味道的料理來迎合當地人的口味。

　　不過我們都不知道，原來在俄國吃中式料理其實是件很高級的
事？當走進餐廳那一刻，我們發現大家都穿得很正式，好像是在五
星級飯店一樣，真的把我們嚇了一跳──因為我們在外套下面只穿
了睡衣！因為太害怕丟臉丟到俄國去，於是整頓晚飯我們都沒有把
外套脫下，也算是整家店內最奇怪的兩個人了！

俄國人不喜歡吃午餐？

如果大家想省錢又想吃得好的話，可以選擇午餐的時候上餐廳。不知道俄國人是不是不太喜歡吃午飯？很多餐廳在中午十二點到下午三點都有特價！除此之外，Food Court 也很便宜，如果可以打破語言隔閡，成功地點到自己想要吃的，只要大約三到四美金就可以讓人吃飽了。而且俄羅斯的 Food Court 很厲害，點完菜之後服務員會把食物放在電子秤上，以重量來算錢！吃得多的人就給多點錢，只吃一點的人就便宜些，我覺得這種制度很公平，也能避免浪費食物！

莫斯科的超市

雖然一點也看不懂俄語，但是我們每天都憑直覺嘗試著不同的甜品，沒想到可以在俄羅斯的超市看到那麼多日本進口食品！更沒有想到的是，每次去超市都可以看到販賣隱形眼鏡的機器！原來在俄羅斯買隱形眼鏡，是

這麼隨意的事情嗎?看到這個機器的機會,比看到賣飲料的機器還要多!

有趣的俄羅斯點心與飲品

俄羅斯有很多 Pancake 餐廳,很多咖啡廳的菜單上也有這道料理。其實他們的 Pancake 比較像 Crepe,是很薄的那種。我個人對 Pancake 的接受度只限於甜點,所以每次都點草莓口味。麥生試過火腿起士的口味,其實還不錯吃,只是分量有點少,無法作為正餐有點可惜。

俄國有名的點心就是 Ptichie Moloko 和 Chak-Chak(就像我們的沙琪瑪)。在超市,可以看到很多不同款式的 Ptichie Moloko,像是餅乾上放了棉花糖,再鋪上巧克力──其實這個甜品沒有我們想像中的甜。但放了巧克力的 Chak-Chak 就不一樣了,中間還有一層草莓果醬,吃一個得喝上兩杯茶才能沖淡口裡的甜味!我覺得俄羅斯一定是個很愛草莓的國家,因為他們有莓的食品實在多到可怕!

我跟麥生是咖啡因的愛好者,完全無法想像少了咖啡的日子。這次旅程中我們嘗試的俄羅斯咖啡廳都很不錯,而且每家都有免費 WIFI,裝潢氣氛也非常好。而俄羅斯除了伏特加冠於全球,水果茶和花茶也很好喝!

在超市總是可以見到很多不同種類的茶款，就連中國茶和日本綠茶也可以找到。

說了那麼多，其實我最喜歡的俄羅斯小吃是熱狗！這種熱狗車只在莫斯科有，連在聖彼得堡也沒有見過，也許是莫斯科獨有的小吃？可別以為這只是普通熱狗，裡面夾著很多酸黃瓜和炸洋蔥，超級美味！而且一份才二塊美金，早上吃兩個當早餐之後，一整天都不用再吃飯了！而天氣很冷的時候站在街上吃，也別有一番風味。其實莫斯科小吃還有很多種，不過我們不是很會點，我曾看過有著義大利麵的濃湯，可惜沒有機會嘗試。

在俄羅斯居然可以找到澳洲紅酒，真是讓人嚇了一跳！

俄羅斯 Starbucks 的杯子畫有俄羅斯娃娃的圖案，是非常好的伴手禮。

俄羅斯超市的商品包裝都很精美，上面的是色彩繽紛的茶葉，下面則是有著動畫圖案的飲料。有很多時候不認識商品上的俄文，我們憑著顏色就決定要買什麼了！

Kupetz Eliseevs Food Hall
的裝潢非常漂亮，而且裡
面有好多精美的甜點，一
時間讓人眼花繚亂！

Kupetz Eliseevs Food Hall

地址：Nevsky ave, 56, St. Petersburg, Russia
營業時間：10:00-22:00
網址：http://www.kupetzeliseevs.ru/index.html

買伴手禮的好去處

　　在聖彼得堡有家超有名氣的複合式百貨 Kupetz Eliseevs Food Hall，只要走在 Nevsky Prospekt 路上一定不會錯過！這棟非常富麗的建築物，在一九〇二至一九〇三年時，是著名商人 Elisseeff 兄弟擁有的娛樂中心。Elisseeff 兄弟是美術和古董收藏家的贊助商，目前在艾米塔吉博物館的一些古物也是他們的珍藏。Kupetz Eliseevs Food Hall 的裝潢令人印象深刻，櫥窗有可愛的玩偶，每次經過都圍繞著很多小朋友和拍照的遊客，而踏進店裡的那一刻，更恍惚地以為自己身在古典世界之中。

　　Kupetz Eliseevs Food Hall 裡販賣著不同的巧克力、蛋糕、伏特加、咖啡、魚子醬、糖果、燻鮭魚等高級食品，店中間有個超乎想像的鳳梨裝飾，旁邊則擺了一座古董鋼琴，整體看似有點格格不入，但又覺得所有東西都誇張搭配得恰到好處。其實 Kupetz Eliseevs Food Hall 的東西不是很貴，但是品質卻非常好，巧克力和蛋糕都十分美味，卻又不會太甜。如果要買伴手禮的話，推薦大家來這裡逛逛！

FINLAND HERE

坐火車，從聖彼得堡到芬蘭

I COME

「如果我是偷渡客的話一定緊張死了！」

聖彼得堡有五個火車總站，從莫斯科到聖彼得堡的火車站 Моско́вский вокза́л 位於市中心，但是從聖彼得堡去芬蘭的火車站 Финля́ндский вокза́л 卻在聖彼得堡涅瓦河北岸，搭火車前須事先做好準備，確認要到哪個車站。我們每次都是坐計程車到火車站，所以只是告訴司機我們要去什麼地方，司機就把車開到正確的火車站了！

如果是要當天坐火車接駁的話，那就要預算好時間。上述所提兩個車站的車程大概要三十分鐘，但是俄羅斯的交通總是很壅塞，這點要非常注意！對於不了解當地狀況的外國人來說，錯過火車真的是太慘了！

從聖彼得堡通往芬蘭的火車，風格跟莫斯科的火車很不相同。芬蘭鐵路－卡累利阿鐵路（VR-Yhtymä，簡稱 VR）的候車室不能從火車站的正門進去，而是在火車站的左邊，因為沒有指示，一開始並不容易找。有時候覺得，旅行中這些不可預期的小事們，真是考驗自己的運氣。

我們提前到達火車站，但是跟在莫斯科搭火車不一樣，VR 的票不用提前確認，而最令人感到可喜的，是 VR 的辦公室有人說英文，瞬間有種「回到西方文明」的感覺！坦白說，經過了兩個多星期的語言不通，我們倆都很累了，突然間知道有人可以聽懂英文，這一刻真的很激動！

（翻拍自芬蘭火車 VR 雜誌）

從共產國度到自由世界

　　進站時不會有人查票，這裡也是憑感覺去找車廂，不過上車時芬蘭海關會在門口檢查車票和護照，當車開到芬蘭和俄羅斯邊界時，俄羅斯的海關會很隨性地來查看護照；之後，帶槍的芬蘭海關會來到座位檢查證件。

　　我想，從莫斯科偷渡去芬蘭或其他歐洲地方的情況，一定滿嚴重的吧？芬蘭海關人員對俄羅斯人都很嚴格，會很徹底地盤問所有的資料。芬蘭海關對坐在我們對面的兩個俄國少女可是一點都不客氣！居然連在哪裡讀書、什麼時候回去上課這種小問題也問！但少女們好像沒有什麼感覺，之後依舊繼續開心地聊天。如果我是偷渡客的話一定緊張死了，看著自己快要從俄羅斯到達歐盟國家，共產與自由國度的分別，就差能不能順利通過這個海關人員了——這種心情光是憑空想像，我都差點心臟病發啦！

貼心舒適的 VR 火車

　　我一直對於 VR 火車十分期待，聽說它是歐洲數一數二的優秀火車，體驗過後果真如此！不只服務周到，員工十分有禮貌，食物也很美味。我們坐的高速列車阿爾斯通列車（Allegro）整個旅程都有免費無線上網，而且很乾淨；餐車之間放著幾張圓形的桌子，大家可以靠著圓桌一邊聊天，一邊吃東西、喝咖啡。但因為乘客的座位都有可收納

的小桌子，所以也有許多人直接將食物帶回座位享用。

除此之外，VR 的火車也有為兒童而設計的遊戲區，車廂內有小滑梯，玩具和小桌椅，連洗手間也特別為兒童設計──在漫長的火車旅程中，VR 真是對家族旅客太貼心了。另外讓我特別感動的，就是火車居然設有過敏車廂！座位的材料和空調都是經過特別處理的，對於皮膚和呼吸道容易過敏的乘客真是非常貼心的照顧。我經常皮膚過敏，對於灰塵的過敏反應尤其嚴重，VR 這種周到的設計真的讓我覺得很幸福！以前常常讀到北歐有人類天堂、幸福國度……等稱號，總是不太理解，坐過芬蘭的火車後，才體會什麼叫「以人為本」的生活態度。

從一個國度到另一個國度

聖彼得堡的田園風景不像莫斯科的那麼滄桑，雖然人煙稀少，但是卻有種安詳的感覺。連接不斷的森林、高大的松樹，彷如進入了宮崎駿的動畫世界般，目光所及之處都充滿了靈性。

火車慢慢地離開俄羅斯，我想，聖彼得堡的人還是蠻幸福的，說不定可以約朋友去芬蘭吃個午飯之後再逛一下街，然後再坐火車回聖彼得堡的家，這種生活方式，對於處在與其他國家隔絕的澳洲的我們來說，真是很不可思議。畢竟離我們最近的國家也要飛行差不多六個小時才能到達。

四個小時的車程，VR 把我們從一個國度送到另一個國度。沒多久，我們看到了第一棟紅色小木屋，那一刻，我們知道已經到達世界最完美的國度了！

PART 03

世界 最
完美 的 FINLAND
國度

一直喜歡閱讀所有關於北歐的資訊，不管是旅遊或者是
設計的文章，作者總會提到北歐的生活有多麼美好，像
是漂亮創新的設計、男女平等、同性婚姻合法⋯⋯加上
童話般的風景，總讓我非常嚮往。難得有機會來到北歐，
當然要用力感受這個在眾人眼中的完美國度！

·赫·爾·辛·基·印·象·

HELSINKI

赫爾辛基 Suomenlinna Sea Fortress，
如夢似幻的景色是不是很美呢？

從赫爾辛基到 Suomenlinna
Sea Fortress 的船票售票處，
陽光灑落的模樣很迷人。

赫爾辛基大教堂，可以走到教
堂的最上層，俯瞰赫爾辛基市
區的風景。

❶

❷

1. 在赫爾辛基中央火車站旁邊的芬蘭國立
   劇場（Finnish National Theatre –Suomen
   Kansallisteatteri），成立於 1872 年，是
   芬蘭歷史最久遠的一家芬蘭語專業劇場。

2. kauppatori 市集有鮮魚、蔬菜、熟食、咖
   啡、紀念品等，總是擠滿了本地的居民
   和遊客。

WHERE THE BLOODY HELL ARE YA? 人呢？

「我覺得芬蘭這種『混血兒』的味道，
比其他歐洲城市更有特色。」

　　四個小時的時空轉移之後，我們到了一個人口稀少的國度。在踏出芬蘭首都赫爾辛基的中央火車站的一瞬間，我們倆都覺得這個城市好空蕩啊！人呢？

　　天都大亮了，但我們見到的，只有火車站裡行李區的工作人員！在北京和莫斯科的時候，只要走出飯店的門口，隨時都會見到許多人，無論態度是熱絡或者冷淡；但早上八點的赫爾辛基連遊客中心都還沒有開門，非常冷清，連路人也見不到一個！跟一天有四百萬人次使用的莫斯科火車站相比，在赫爾辛基火車站工作真是個天堂，難怪火車站的人都十分樂於助人！但這時，我突然很想念莫斯科的熱狗⋯⋯

　　芬蘭的國家總人口是五百多萬（至二〇一四年的統計），比我們住的澳洲新南威爾斯省（New South Wales）的七百多萬人口還要少！在赫爾辛基的交通高峰期，只有零星的路人和偶爾經過的電車，這種格調跟

澳洲的塔斯馬尼亞（Tasmania）差不多，大家彷彿有無限的時間可以跟你耗著。受到芬蘭慢活精神的感染，我們扔掉編排得密密麻麻的行程，在石頭街道的帶領下放慢腳步，悠閒地享受我們在芬蘭的日子。

設計愛好者的天堂

　　芬蘭被俄羅斯和瑞典統治過，所以他們的建築有點俄羅斯也有點北歐的風味，一會兒可以看到熟悉的俄羅斯大樓，一會兒可以經過歐洲風的住宅區，而「傳說中的紅色小木屋」其實要在郊區才看得到──在坐船去 Suomenlinna 島嶼的途中，可以看到一個一個的小島，襯在藍色的天空下，小島上的紅色木屋顯得特別耀眼。我覺得芬蘭這種「混血兒」的味道，比其他歐洲城市更有特色。

我們來到碼頭旁邊的市集 Kauppatori，市集有新鮮的蔬果，也有熟食小攤，當然少不了紀念品，而且量多質美。整個市集感覺很悠閒，就算只看不買，也不會看到任何臭臉，大家都一副悠然自得的樣子。

其實我們在赫爾辛基的時間並不長，雖然總共會在赫爾辛基三天，但都不過夜，雖然讓人有點失望，不過也還好沒有留太久──因為我最喜歡的就是北歐設計和姆明（又譯「慕敏」或「嚕嚕米」，為芬蘭女作家朵貝·楊笙筆下的童話小說系列），可是歐洲的物價真的不是開玩笑的，只是隨便逛逛都已經讓我逼近破產邊緣了！如果讓我認真逛起來，我怕回澳洲之後要打三份工才可以把債還掉！

昨日的海上要塞，今日的城堡博物館

趁著空檔的幾個小時，我們搭船到 Suomenlinna 逛逛。這個曾幾何時是波羅的海最重要的海上要塞，今日已成為一座如同城堡般的博物館。島上幾乎沒有其他人，寧靜而古老的氛圍讓人彷彿置身十八世紀。

其實 Suomenlinna 整個島還蠻大的，下船之後我們走過一些小商店，然後才看到像城堡一樣的堡壘聳立在懸崖旁邊。這座已有三百年歷史的堡壘，雖然已經不再是保衛芬蘭的要塞，但看到它聳立凜然的模樣倒映在海面上，真的讓人覺得很震撼！整個堡壘的面積比我想像中要大很多。如果有時間其實走上一天也沒問題。不過因為我們的時間並不是很充裕，所以僅僅走到主要的廣場就沒有再往下走了。

從赫爾辛基坐船到這裡很方便，在 market square 的碼頭就有船可搭，二十分鐘左右就能到達。芬蘭的交通不太貴，到 Suomenlinna 的船票只要 4 歐元，卻能玩上大半天，真的很值得！

人權至上的友善之國

很奇怪，赫爾辛基是我們整個旅程中唯一一個遇到瘋子的國家。把行李寄存在火車站之後，我們碰到一個一直跟我們說法語的瘋子，其實這個瘋子也沒有什麼惡意，只是一直跟我們問好，於是我也跟他瘋了起來，先跟他說了幾句法文，然後說到不知道怎麼說的時候，就跟他說中文！瘋子一定是覺得：「欸？怎麼會有人比我還瘋？」所以很快就走了。麥生只會說英文，連我用中文和法文夾雜地把瘋子嚇跑了也不知道！

Suomenlinna

網址：http://www.suomenlinna.fi/en/

1. 赫爾辛基的電車 2 號和 3 號是圍繞市區行走，不喜歡走路的遊客可以選擇乘坐這兩路電車。

2.3. 芬蘭是設計大國，首都赫爾辛基的市區充滿著設計品牌的商店。大家不要小看赫爾辛基，它讓你破產的功力不遜其他歐洲大城市！

幾天後，在等待去羅瓦涅米（Rovaniemi）的火車時，也遇到一個奇怪的人，擋在咖啡廳的門口不讓大家進去。麥生買完咖啡之後發現被擋住（而我已經坐在咖啡廳裡面了），所以對那個人大發脾氣，還差點要跟對方打起來！後來那位先生被火車站的保安人員拉走了，本來以為一定是被帶去警察局或者是醫院了，沒想到，好心的芬蘭火車站工作人員居然幫瘋子買了火車票送他回家，人權至上的北歐果然就是不一樣，連瘋子也絕對不會放著不管，一定要把人順利送到家為止！

於是我拜託麥生，如果哪天我被他氣到瘋掉，一定要把我送到芬蘭定居！

　　原本我們想在赫爾辛基住上一晚，可是由於芬蘭的飯店實在是太貴了⋯⋯喜歡旅行的人都知道，所謂的飯店，其實也只是晚上的一個容身之所，真的有必要花兩百美金一個晚上嗎？

　　輾轉反側、幾經思量之中，突然發現原來有夜班船可以前往愛沙尼亞的首都「塔林」（Tallinn），還能在船上過夜！這真是個天大的好主意，不但省下飯店的費用，也節省旅程時間，我們開心到像是中了頭獎，簡直想開瓶香檳來慶祝一下！

　　從赫爾辛基到愛沙尼亞有很多不同的船可以選擇，我們坐了 Tallink 的船，來回船票連晚上睡覺的房間，兩個人共 85 歐元，這個價錢在赫爾辛基連 backpacker 也住不起，所以我們真的非常高興！Tallink 的船一點都不難訂，如果大家有時間的話，可以隨時去他們的網站看看什麼時候有特價，這樣就會更省了！

HELLO 遇見塔林
TALLINN

「這個被石牆和尖塔包圍的世界遺產之城，

　　讓我們再一次迷失在中世紀的童話世界裡……」

Tallink

網址：http://www.tallink.com/

在船上過夜

　　船上有餐廳、超市、商店、賭場……應有盡有，可說是個小型商場；自助晚餐和午餐要價 30 歐元，算是在歐洲之行中吃得還算不錯的了！不過建議大家千萬不要與亞洲的自助餐比較，不然會覺得超級失望！我個人覺得，在歐洲吃飯就不能對食物有過多的期望，就連對麥當勞也不要抱有期待，這樣大家就能開心且知足地吃著口味清淡的歐式食品過日。

　　聽說在芬蘭酒品的稅收很高，所以很多芬蘭人會專程坐船去愛沙尼亞買酒。這個說法一點都不假，因為我們在船上的超市就看到大家瘋狂地買酒，搶購的程度之激烈，霎那間讓人以為世界末日來了！下船的時候看到大家用推車把酒帶回家的畫面，真的覺得滿誇張的。其實船上也有其他紀念品，而且價錢比在芬蘭要便宜得多。不過也不是每艘船都是如此，像我們坐另外的船去瑞典時就什麼都沒有，所以這樣的購物景象應該是因船而異吧？

　　我們訂的這個房間是最基本的：四張床（上下鋪）、有洗手間、可淋浴、沒有窗戶。雖然房內有四張床，但上面的兩張可以收起來，所以不會覺得很擠，算起來比我們在聖彼得堡住的房間還要大！而且很乾淨，早上還會有人來打掃呢。

　　船開的時候幾乎沒有感覺到什麼晃動。前往塔林時，因為我們住在船的底層，所以睡覺時偶爾可以感覺到船有些搖晃，但我們從聖彼得堡到赫爾辛基、塔林一路都沒有停過，所以九點不到就昏迷過去了。

開船時是晚上六點,其實十點多就到塔林了,不過因為若是下船就不能回來船上睡覺,所以大家還是選擇在第二天才下船,行李則可以寄放在船上。

沿著古城的石頭小街道漫步

能在塔林逗留的時間並不長,大概只有四個小時左右,所以我們早早就起床出發了。取捨後我們決定只遊覽塔林的舊城區(Old Town),這座古城是列入世界遺產名錄的「塔林歷史城區」,二〇一一年還當選歐洲文化之都,非常值得一遊。

從碼頭步行到古城大概要二十分鐘,迎接我們的首先是胖瑪格麗特堡壘(Paks Margareeta)。剛看到這座堡壘的那一刻,我們兩個都看傻了眼,以為自己走進了《冰與火之歌:權力遊戲》(Game of Thrones)電視劇的場景!為什麼這座古城可以從十三世紀一直完整保留到現在呢?那些巨大的灰色石牆和紅色的屋頂啊,到現在閉著眼我還能在腦海中描繪出它們的模樣。

我們拜訪塔林的時候下著毛毛細雨,正好將此處從中世紀保留至今的美麗和歷史背景襯托得恰到好處。塔林的魅力之一,就是在當大家以為時光已倒流回到中世紀的時候,會突然看到現代的餐廳和商店,感覺就像看《冰與火之歌:權力遊戲》的時候

突然看到有人用手機一樣突兀又搞笑。走進了歐洲最古老的藥店「Raeapteek」（建造於一四二二年），再參觀位於維魯城門（Viru Gate）旁邊的麥當勞，這種感覺真的很詭異！

我們隨意地在舊城區裡漫步，街上的行人很少，偶然會見到一、兩個喝醉了的男人東歪西倒地走著，但是我更期待會有穿著中世紀古裝的人走出來呢！

塔林之美實在讓人印象深刻，每間房子、每條街道都像明信片一樣充滿魅力。這個被石牆和尖塔包圍的世界遺產之城，讓我們再一次迷失在中世紀的童話世界裡，只要跟著石頭小街道，不知不覺就會被引領到超可愛的雜貨店或是特色咖啡館，塔林古城真的讓人無法忘懷！

如果我尖叫，麥生會發現嗎？

從愛沙尼亞回芬蘭的時候，發生了一點小事故。話說麥生在房間睡覺，我到船的大廳上網，回到位於船底層的房間時，遇見幾個已經喝得醉醺醺的男人，就在我走過他們旁邊的那刻，一個男人突然把我攔下，張開雙手示意我要給他擁抱，那一瞬間我真是嚇傻了！離房間其實只有幾步的距離，如果我尖叫，麥生會發現嗎？或是叫破喉嚨也不會有人知道呢？若我流露出害怕和懦弱，這群人會不會把我拉到別的地方去？那個時候，我覺得如果他們想動手讓我從這個世上消失，竟然是那麼簡單的一件事！

所以我選擇了定定地瞪著他，正所謂敵不動我不動！過了幾分鐘，那個人可能覺得沒有意思，嘟囔了幾句我聽不懂的話就走開了。那一刻我拔腿就跑，打開房門時連腿都軟了！

我把事情告訴了麥生，我們兩個都覺得沒發生什麼可怕的事真是太幸運了。以後不管怎麼樣，我們都要一起行動才行啊！

BEST
TRAIN EVER

最舒服的火車

「我們習慣在其他國家一次又一次地檢查車票和護照，
但在芬蘭，上車很久之後才有人來敲門看一次而已。」

從塔林回到赫爾辛基，當晚我們就要坐上前往芬蘭拉布蘭區（Lapland，位於芬蘭北部）的首府羅瓦涅米（Rovamimei）的火車。芬蘭火車好的連著名的歐洲之星也比不上，為什麼我這麼認為呢？因為芬蘭火車全程免費無線上網，這個貼心的程度，就連歐洲之星也難以達成！

我們在網上買了車票，到火車站以後不用確認就可以上車了。我們習慣在其他國家一次又一次地檢查車票和護照，但在芬蘭，上車很久之後才有人來敲門看一次而已。跟俄羅斯相比，在芬蘭旅行真是毫無壓力啊！

上車之後可以到餐車享用晚餐，餐車不大，但人卻非常多——而且歐洲人喜歡聊天，當我們走進餐廳看到每個桌上都放著紅酒、白酒，大家一副要聊到不醉不歸的樣子，我們就決定放棄，回房間繼續吃我們從俄羅斯帶來還沒有吃完的零食，這時候突然很想念日本的火車便當啊……

把鏡子旁邊的那個扶手一拉開馬上就變成淋浴間了。

從赫爾辛基到羅瓦涅米的夜車車廂有兩種，我們訂的是附帶洗手間的私人房間，雖然不是很大，但是設備十分齊全。洗手間非常特別，打開門只看到廁所，但把鏡子拉開之後，整個洗手間就變成淋浴間了！熱水很充足，空間也剛好，重點是廁所沒有被淋濕，真是非常方便。我們睡的床都很舒服，旁邊有收音機、燈、鬧鐘、置放飲料的地方，還有可愛的貓頭鷹被罩設計，看著看著就覺得很開心。這真是我睡過最舒服的火車！

火車轟隆隆地行進，我們很快就被搖到睡著了。在八小時的睡眠間，我們就要到達目的地——羅瓦涅米了！

「我們根本不知道自己的車到底開在哪裡，再加上人生地不熟，
我相信，在羅瓦涅米再也沒有人比我們更危險了！」

WELCOME TO LAPLAND

來到北國

到達羅瓦涅米之後，我們發現自己正處在一片雪白世界之中，火車門一打開，除了灰色的天空，只能看到一片白色，結了冰的道路、白色的樹、白色的屋頂和白色的人……喔！不是，那個是麥生！

這裡是個人煙更加稀少的國度，下了火車之後，所有人都急急地走了，只剩下我們在寂靜的冰天雪地裡，百無聊賴地等待與租車公司的人員碰面。我們在火車站附近走晃了一圈，果然一個人也沒有，實在有點無聊。

一個小時以後，租車公司的員工來了，原來租車公司連一個店面都沒有，就僅僅派一個人來問：「你們是麥氏夫妻嗎？」我們說「是啊」，他就把車

鑰匙交給我們了。芬蘭真是個講信用的國家啊！

　　在芬蘭旅行有很多第一次，包括第一次在雪地開車，和第一次在左手邊開車（澳洲的駕駛座位於右側）！先説説在雪地開車，其實我們上車後瞬間想到的是：「啊，路到底在哪裡啊？」因為積雪覆蓋了車道跟行人道，所以我們根本不知道自己的車到底開在哪裡，再加上人生地不熟，我相信，在羅瓦涅米再也沒有人比我們更危險了！但其實根本也不用怕，羅瓦涅米根本就沒有什麼人嘛！我們從火車站開到飯店的車程之中，其實也不過見到兩輛車而已……

Ranua Wildlife Park

地址：Rovaniementie 29 97700 Ranua
時間：9/1 ～ 5/31，10:00-16:00；
　　　6/1 ～ 8/31， 9:00-19:00
門票：16 歐元
網址：www.ranuazoo.com
MAIL：ranuan.zoo@ranua.fi

What！大家到底是怎麼跑過來的？

　　可惜我們在羅瓦涅米的日子停留得太短暫，加上冬天日光有限，實在無法安排什麼行程。為了爭取時間，到民宿放下行李之後，我們就急急忙忙地開車前往世界最北端的動物園 Ranua Wildlife Park 了。

　　Ranua Wildlife Park 位於羅瓦涅米南方大概一個小時的車程，本來我們是想坐公車去的，但碰巧遇上星期日，公車的時間表不是很好配合，所以就決定乾脆自己開車去了！雖然在雪地開車、駕駛座又在左邊，一路上真是讓人膽戰心驚（就連麥生這個愛車之王也差點兒要尿褲子！），但開車還是有開車的方便，也能掌握時間，在天黑之前回到民宿。

　　Runua 動物園其實不大，大概兩個小時就可以遊覽完畢。我們去的時候是初冬，很多動物還沒有冬眠，所以我們可以看到大灰熊傻傻地晃來晃去，真是可愛極了！園內有很多動物，像是灰狼、白狐、北極熊、馴鹿、鼴、松貂、駝鹿這些屬於北極的動物，在澳洲的動物園裡是看不到的。有些動物

就算在澳洲的動物園能看到，感覺也截然不同，像是在熱到快死的澳洲看到北極熊，跟在芬蘭的雪地上看到北極熊，感覺怎麼能一樣呢？

麥生和我都沒有在雪地上走路的經驗（我小時候是有見過雪啦，但已是年代久遠的事情了……），所以在動物園裡我們都用龜速行走。正當我們像老人家一樣，用手緊緊抓著欄杆、步步驚心地前進之時，一群孩子突然從我們面前快樂地跑過——What！大家到底是怎麼跑過來的？我們連正常的走路也走不成耶！那一刻我突然好想揮動魔杖，把這裡變成澳洲的海灘，好讓我跟麥生也可以放下欄杆跟大家一起豪邁地奔跑！

充滿設計感的北歐民宿

　　我們在羅瓦涅米的住處是個非常可愛的民宿，據說是家庭經營的旅館，預定的時候也只是發了一封 email 而已，什麼押金、確認都不用，讓人再度深深感受到芬蘭確實是個非常講信用的國家！

　　民宿就在火車站對面的山坡上，走路約五分鐘就可以到達了。除了位置方便，價錢也很公道，我最喜歡的就是房子裡充滿著北歐的設計和擺設，真的很可愛！雖然外頭是一片冰天雪地的純白世界，但房子裡卻充滿著顏色鮮明、圖案簡潔的家具。每次看到廚房裡的紅色窗簾、有著手繪圖案的餐具和餐桌上的花花桌巾，都讓人覺得好甜蜜好溫暖。住在這個房子裡讓我體會到，設計就是要從生活中出發，讓平凡的生活變得美好。北歐設計就是從這樣的宗旨出發——設計不是有錢人的娛樂，而是每個人都可以享受的。

旅館有廚房可以使用，早餐則安排於客廳。北歐的早餐雖然沒有亞洲的早餐豐盛，可是跟澳洲的油膩早餐比起來，卻簡單實在，讓脾胃都能輕鬆享用。我們的房間很大，洗手間乾淨又可愛，簡約之中，給人一種舒服實在的感受。這是我第一次住在這種格調的房子，感覺就像走進了日本家居雜誌呈現的低調奢華。

第二天早上，我們靜靜地享受北歐的早晨，喝著淡淡的花茶，看著外面雪白的世界，那一刻我們的時間彷彿都靜止了，我的腦海裡全是姆明的奇幻世界！

GUESTHOUSE BOREALIS

地址：Asemieskatu 1 FI- 96100 Rovaniemi
電話：+358 16 3420 130
網址：www.guesthouseborealis.com
MAIL：info@guesthouseborealis.com

CHASING NORTHERN LIGHTS 追逐極光

「沒多久,兩條行車道突然變成了一大片雪白,安全車速的標誌也被大雪遮住了,麥生一直問我安全車速是多少,但我根本就看不到!」

這個旅程的重點,除了買到特價機票之外,就是到芬蘭看極光了!

從出發前幾個月,我們就蒐集了各種不同的資料,希望能找到一個「一定能看到極光」的地方。好不容易從地球的南端來到最北端、橫越一萬四千公里,就連 Google Map 也無法以一個版面就顯示的路程,我們又怎麼可能只是隨便逛逛、拍拍屁股就滿足走人呢?當然啦,我也明白這只是在做夢,哪有可能「一定」看到極光呀?但我們就是想找到最好的地方,而且還要決定哪天看到極光的機率最高!

於是,我每天不停地找資料,甚至在上班時也偷時間研究,弄得整個辦公室的人都知道我要去看極光了!在這種情況下,我更下定決心非要看到極光不可,不然怎麼有臉回去面對老闆呢?

綿羊與馴鹿

雖然聽說二○一三年的極光指數很高，但從抵達莫斯科開始，我們就一直遇到多雲甚至大雨的天氣，一個多月的旅程裡，天晴的日子寥寥可數——而我們夢想看到極光的熱情，好像也隨著嘩啦啦的大雨，一股腦地流進了波羅的海了！

拉布蘭的風景真不是一般的漂亮，路上有著高大的松柏樹，巨大的森林彷彿充滿了靈性。我們在路上有好幾次被馴鹿擋住去路，牠們在路上靜靜地望著我們，好像在說，你以為這條路只有你們可以用嗎？我們可是聖誕老人的好朋友，我們才是這裡的地主！

坦白說，在芬蘭看到野生馴鹿的機會，比我們在澳洲看到袋鼠的機會還要多！我問一位芬蘭的朋友：「你們有很多賣馴鹿肉的地方耶！除了鹿肉之外，你們會吃羊肉嗎？」芬蘭朋友沉吟了一會兒說：「嗯……也是會吃啦，但是綿羊那麼可愛，為什麼要吃它呢？」聽完之後，我只想說，我覺得馴鹿也很可愛好不好，但是在芬蘭大家都在吃它啊！

在芬蘭，四處都可以看到
有俄語、芬蘭語和英文的
三種語言標誌，就連賣馴
鹿也要寫三種語言。

當薯條也變成冰棍

我們從芬蘭拉布蘭區（Lapland）南部的羅瓦涅米，一直開車到北邊的伊
納里（Inari），本來我們是打算去 Ivalo 住玻璃屋飯店的，但幾經考慮後，
還是放棄了人比較多的 Ivalo，選擇了人煙罕至的伊納里看極光。因為很多
資料都顯示，如果想看到漂亮的極光，光害當然是越少越好。如果一個地方
人越少、燈越少，看到的極光也會越明亮。身為滑雪度假聖地的 Ivalo，飯店、
商店和遊客相對也比較多，而只有一條街道的小村莊伊納里，沒有太多人，
光害也比較少，所以我們就選擇伊納里了！

那麼冷的地方有必要 24 小時營業嗎？

從羅瓦涅米到伊納里的車程大概四小時，我們先在世界最北的麥當勞填飽完肚子才上路。芬蘭的麥當勞菜單都很悶，不像澳洲和亞洲的麥當勞那麼富有巧思。本來，我們打算留些食物一邊開車一邊吃，但竟然發現薯條已經慢慢地變成了冰棍！

在澳洲開四小時車是十分常見的事，從雪梨開車，四個小時連新南威爾斯省都還沒有開出呢……不過在芬蘭的冰天雪地開四個小時的車，就很不一樣了！

其實路也只有一條，不會迷路，方向上來說一點兒都不難，麥生連 GPS 也沒有看一眼都可以順利抵達目的地。但因為越是往北，風雪也越大，路上雖然沒有南部那麼溼滑，可是到最後，風雪把整個世界染成一片白色大地——從來沒有在雪地開車經驗的我們被嚇得目瞪口呆，根本不知道自己是不是還在車道上！沒多久，兩條行車道突然變成了一大片雪白，安全車速的標誌也被大雪遮住了，麥生一直問我安全車速是多少，但我根本就看不到！還好 GPS 有顯示，不過到底準不準確又有誰會知道呢？

INARI

·伊·納·里·印·象·

開車的時候看到好多有
趣的景色，像這條鋪滿
雪的河流就美得幾乎讓
人停止了呼吸。

1. 雪地上還有植物在生長，真是強韌的生命力啊！

2. 馴鹿晚餐，想吃吃看嗎？

3. 芬蘭原住民薩米（Sami）族人的博物館是個非常有意思的地方，可以認識到很多薩米族人的歷史。

從飯店房間的窗口就可以看到極光，真是太幸福了！

THE GREAT
ADVENTURE UNDER
THE NORTHERN

極北小鎮的極光奇遇

「等等，那團光線是極光？還是只是飄動著的雲？
—— 噢，那真的真的就是極光嗎？」

Hotel Inari

地址：Inarintie 40, 99870 Inari, Finland
電話：+358 16 671 026
網址：www.hotelliinari.fi/eng/index.htm
MAIL：info@hotelliinari.fi

　　有驚無險之下，我們終於到達了期待已久的伊納里。這個比我們想像中還要小的伊納里村莊，完全被漂亮的湖畔和森林包圍著，大概只需要十五分鐘就可以從村的這一端走到那一端。村裡有兩家超市、幾間飯店，一個看上去非常可怕的酒吧，兩家紀念品商店和一間博物館。從北京出發到現在，我們幾乎只能走馬看花地參觀著每個城市，而到了現在，旅程已完成了一半，我們終於有時間停下來慢慢地回顧這期間的所見所聞，領略旅行的美好。

　　我們住的 Inari hotel 從第一天開始就給了我們非常棒的感覺，服務員非常親切有禮，而且飯店裡售的居然是我們澳洲的 Jacob Creek 紅酒，連服務員的衣服上都還印有澳洲酒廠的標誌呢！突然間我們兩個都激動得說不出話來！在伊納里的第一個晚上，我們吃著芬蘭的鹿，喝著澳洲的酒，這個世界真是太妙了！

在北極圈的第一個白日

第二天，我們滿心期待地起床，畢竟伊納里應該是我們人生到過的極北之地了，所以我們對這裡的一切都充滿著美好的憧憬。

早餐之後，我們放棄原本想開車去挪威的打算，決定今天好好把這個小村逛一次。我們首先懷著慎重的心情，參觀了飯店對面的超市，在我們細心研究之下，發現原來超市商品的價格並不是很高。如果在澳洲，市區以外的商店通常都比較貴，但伊納里的超市卻非常有良心地沒有提高價錢，所以我們採買了一堆零食──如果沒有極光，那麼至少有零食陪伴著我們孤獨的夜晚！

超市大搜查之後，我們移步到旁邊的紀念品商店，北歐的伴手禮質量都很棒，絕對不是那種隨便在市場也可以買到的低廉貨色！於是我們把要買的都買了，花了幾百歐元之後，我想，雖然在這裡沒有探望到芬蘭的國寶──聖誕老人，但是看看這樣子的消費，我們自己也可以當上聖誕老人了吧？

1. 到處都可以看到姆明。
2. 天啊！大家真的那麼喜愛酸黃瓜嗎？
3. 跟義大利麵長得一樣的薯條。

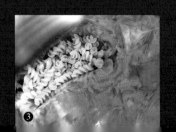

沒去過俄羅斯的芬蘭人

血拼完之後，我們來到 Inarin Hopea，這家飾品屋是一間在北歐能經常見到的紅色木屋，在雪地裡特別耀眼。踏進店裡時，我們看到老爺爺跟學徒正在用心地打造著銀器首飾，整個店內充滿著藝術氣息。也許這種日子的顧客不多吧，店長非常熱情地跟我們聊了起來，一聽到我們是從澳洲來的，可把她嚇了一跳！

當我們聊到在俄羅斯的旅程時，店長告訴我們，她從來沒有去過俄羅斯，聽到她這樣說我們也嚇了一跳。我忍不住問道：「到俄羅斯只需要四個小時的車程，那麼近怎麼不去呢？」如果澳洲跟哪個國家只是四個小時的車程，我每幾週去一次也不會厭倦啊！

店長意味深長地說，俄羅斯以前統治過芬蘭，由於種種歷史因素，所以她沒有去過俄羅斯，未來也沒有要去的打算。聽到這樣的解釋，我們一時間不知道怎麼反應。對於遠在澳洲的我們來說，所謂的「歷史」是非常遙遠的事，澳洲跟香港的年紀真的無法跟北歐、俄羅斯這些傳承久遠的國家相比，但是讓我驚訝的是，隨著時光流逝，原來還是有人會因為歷史的關係而斷絕和另一個國家的往來……

當然這些事情沒有絕對的對或錯，都是非常個人的決定，我們對店長的決定還是非常尊重的。不過話題到了這裡有點尷尬，於是我們順便問了一下：「今天會不會看到極光呢？」大家一聽到我們提起了極光，都是「啊？極光嗎？我們看得很厭煩了呢」的反應，不怎麼有興趣繼續談下去的樣子，於是我們就跟大家告別了。

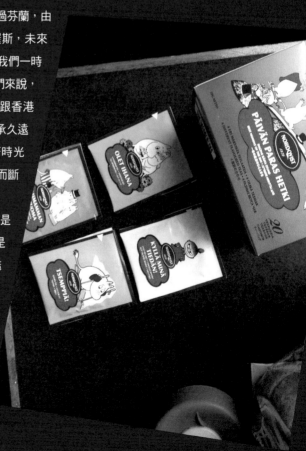

本來打算去介紹芬蘭原住民薩米族的博物館，可惜博物館休息，只能沿著湖邊散步回飯店了──回到飯店我們才發現，原來時間還沒有到中午呢！

　　後來我們還是找了機會前往薩米博物館，真是個認識當地歷史和文化的好地方！不只館藏豐富還很有設計感，還有介紹在極寒天氣生存的技巧，非常有趣。館內的商店也非常漂亮，如果想買紀念品的話，一定要來這裡看看！博物館的咖啡廳有著大片的落地玻璃窗，在這裡一邊喝著冒著熱氣的咖啡，一邊看著外面被白雪覆蓋的小花園，真的非常放鬆。

這裡有很多黑熊？

　　如果在 google map 上尋找伊納里的確實位置，你會發現芬蘭北邊最大的那個湖就是伊納里！本來我們想環繞著湖來開車，但後來發現光是圍繞著湖就差不多要開到俄羅斯邊境了，而且聽說那邊有很多黑熊……還是別自討苦吃吧。為了不要遇到黑熊，也避免在雪地裡迷失方向，我們在天黑之前就回到飯店了。在北極圈裡的第一個白日，就是這樣度過的。

　　晚飯之後我們決定在湖邊散步，便利商店的老奶奶像見到老朋友一樣，問我們今天晚上會不會等著極光，真可愛。走了沒多久，就發現自己已經走在沒有人的公路上了，四周非常寧靜，但這幾天的經驗告訴我們，馴鹿會突然不知道從什麼地方殺出來──想到這裡我跟麥生一下子頭皮發麻，迅速轉身往回走。其實馴鹿也不是太可怕，但如果是黑熊突然出現，我們可是叫天不應叫地不靈啊！

　　回到飯店後，我們決定隔天要開車去挪威看看，反正一個小時的車程應該不會太難吧？

奇蹟發生？

　　第二天醒來，打開窗簾一看，我們的心馬上沉到波羅的海的底部──外面風大雪大，看來今天是不宜出門了。沒想到我們來到北極不只看不到極光，連挪威也去不成，真是失望到極點！

　　打從在伊納里的第一天開始，我和麥生兩個就像小孩子一樣，每天都去櫃檯問：「今天可以看到極光嗎？」相信飯店裡沒有人不知道我們來伊納里的目的。而我也肯定，其中一定有人被煩到希望極光能夠像八卦鏡一樣可以隨時拿出來，可以馬上打發我們回澳洲……

接下來的每一天，我們都沒有完成願望。眼看著時間一天一天地溜走，看極光的機會也越趨渺茫。於是，麥生把心一橫，跟飯店約定參加一個極光旅行團，希望哪個好心的本地人能帶我們去一個特別的地方賞極光。這個極光團的團費可是一點都不便宜，價錢大概可以讓我們買燈放在家裡放雷射光表演，真的希望這個旅遊團可以看到極光才好！

其實我們對能否看到極光這件事已經不抱太大期望，不過既然吃完晚飯沒事做，不如還是在陽台等等看吧。「也許極光會突然在我們面前出現呢。」我們互相打氣著。坦白說，當時說出這句話時也帶著負面的情緒，但誰會想到，奇蹟就在我們兩個最沒有準備的時候出現呢？

當我們在陽台往前望，那瞬間我們都呆住了。等等，那團光線是極光？還是只是飄動著的雲？──噢，那真的真的就是極光嗎？

但是……我們還是不要那麼快就高興起來吧？極光不是綠色的嗎？這個會「移動的雲」連一點綠色也沒有耶！是不是我們太想看見極光，所以把雲當成極光來催眠自己啊？如果就這樣回家的話，一定會被人嘲笑的啊！

還好，當時麥生取回了理智，默默地拿起他的名貴相機，對著「會移動的雲」瘋狂拍攝，結果我們都被相機裡的照片驚呆了，原來那個「會移動的雲」真的是極光耶！都怪平常在網路上看到的照片都是有顏色的，現在連看到真極光都不知道，真是太丟臉了啊！

我們的房間正對著湖邊，所以連看極光都不用出門，可惜的是旁邊正在蓋新的飯店，所以極光指數被影響了一點——但是，我們還有什麼好抱怨呢？有些人來了芬蘭十次也看不到極光，但我們連房門都沒出就在窗前看到了，有誰比我們還要幸運呢？於是我們燒了水，一邊喝著芬芳的花茶、嚼著白天買來的零食，一邊看著極光，心滿意足地享受這奇蹟般的時光。

幾個小時過去，麥生已經沉沉睡去了，我還享受著極光的熏陶，在這個寧靜和美的時刻，突然有人急速地拍門，嚇得麥生從夢中驚醒，整個人跳了起來！正當我們猶豫要不要開門之際，一切卻又回歸平靜。「也許是別的房客敲錯門了吧？」於是我繼續冥想，麥生繼續做夢，但沒多久敲門聲再度響起，麥生連衣服都沒有穿好，就以光速衝去開門看看是誰在惡作劇——原來是飯店的服務員，她擔心我們錯過了極光，專程上來提醒我們快去看。天呀！一定是我們每天每天追問極光，把飯店的人都煩到不行了吧？否則就是我們在伊納里的知名度很高，高到飯店對我們特別關照？

不管怎麼樣，我覺得今天晚上真是幸運又感動極了！

大姐，我們到底要去哪兒？

WHERE ARE WE GOING MATE ?

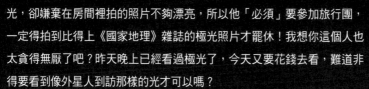

別以為我們昨天晚上已經看到了極光，就會把已經報名的旅行團取消。麥生雖然看到了極光，卻嫌棄在房間裡拍的照片不夠漂亮，所以他「必須」要參加旅行團，一定得拍到比得上《國家地理》雜誌的極光照片才罷休！我想你這個人也太貪得無厭了吧？昨天晚上已經看過極光了，今天又要花錢去看，難道非得要看到像外星人到訪那樣的光才可以嗎？

原住民大姐帶我們尋找極光

在一個平平無奇的下午，我跟麥生在飯店的餐廳裡，一邊喝著熱巧克力一邊聊天，突然一個說話帶著口音的女人坐在我們前面，用英文問：「你們今天晚上要去看極光嗎？」

我的第一個反應是：「欸？難道我們在芬蘭已經臭名遠

播了嗎？真
的是整個村莊都知道這兩個人要看極光啊？」麥生連考
慮也沒有，迅雷不及掩耳地回答：「對！我們今晚要看極光！」其實仔細想想，
要在伊納里找到我們倆真是一點都不難，一個肥肥白白的澳洲人帶著一個心寬
體胖的菲律賓臉香港人，這樣一對夫妻在人口只有六千人的伊納里，誰會看不
出來呢？

　　大姐先自我介紹，她的名字是 Satu，伊納里原住民的薩米族人，是我們的導
游，也是附近旅館的老闆。大姐一開始就非常坦誠地告訴我們今晚看到極光的

機會不大，但天氣變幻莫測，反正這個「旅行團」就只有我們兩個人，所以如果想出去，她還是會開車帶我們去尋找極光的。

其實我跟麥生本來也沒有什麼事情做，所以還是決定跟大姐開車去看看，反

正昨天晚上已經看到極光了，如果今晚看不到也沒有什麼遺憾。大姐聽到我們這樣說非常高興，我想，應該有很多客人滿心期待卻一無所獲，常常埋怨吧？但是世界上誰可以保證在什麼時候一定可以看到極光啊？這不是太為難人了嘛？

反正大姐對我們這種無所謂的精神非常喜愛，在飯店跟我們東聊西聊，一直問我們今天晚上除了極光之外還有什麼打算，但我們兩個外地人在伊納里能打算什麼啊？我們真的是沒什

麼想法，所以大姐建議我們去看馴鹿！啥？又要看馴鹿？我們開車時已經看到很多了耶……唉，算了，看馴鹿就看吧，如果有機會能摸一下也不錯啦！

我們約定了六點出發，出發前照例還是拜訪了便利商店，老奶奶也一如往常地詢問我們看到極光了沒有。這種時候雖然沒有很深入，但奇怪的是卻又讓人覺得窩心不已。正當要離開時，我們碰到了幾天前在Inarin Hopea 首飾店見過面的店長，大家就像老朋友一樣互相問候，她告訴我們，她的兒子剛從赫爾辛基回來，她也把我們的旅程告訴了兒子！霎那間，我覺得我們這對從澳洲來度蜜月的夫妻在伊納里已經成為了明星，更是大家茶餘飯後的八卦話題！如果這本書可以順利出版，那我們在伊納里生活的一段經歷應該就會

記錄在當地博物館裡了吧？真是讓人忍不住要掉淚啊！

兩個人的旅行團

　　大姐非常準時地抵達了飯店，我們坐上一輛普通的轎車，「兩個人的旅行團」就這樣出發了！

　　我們從伊納里一直往北走，大姐十分盡責，用心地解釋芬蘭和伊納里的狀況，我覺得整個蜜月旅行最有趣豐富的旅程就是這一段，再也沒有什麼可以比得上一個本地人跟我們介紹芬蘭來得更道地了！大姐一開車就跟我們解釋在雪地開車其實不難，最煩的其實是氣溫只有零度的時候，因為路上是半冰半水狀態，所以很容易會發生意外，所以說，天氣越冷其實開車越容易。

　　我問：「在伊納里的冬天，雪會有多深呢？」

　　大姐一臉平常地回答我：「大概六公尺左右吧。不過這不是問題，伊納里的冬天很冷，會讓皮膚非常乾燥，每個人都要用很多護膚品才行喔！」難道大姐的意思是說六米高的積雪也沒有護膚重要嗎？

Lapland 的徽章居然是這種模樣，我覺得這個男人跟麥生長得太像了！只是麥生身上的不是肌肉而是肥肉……

六公尺耶！有四個我那麼高的積雪，如果我不小心掉進去，大概這一生也爬不出來了！像麥生那麼懶散的人，如果哪天忘記了鏟雪，我們的房子很快就會淹沒在六公尺深的積雪裡，之後就只能跟聖誕老人一樣，非得從煙囪爬進屋裡不可了！

大姐說，伊納里的冬天平均是零下三十八度左右，可是大家在那麼冷的天還是要外出上班、上學的。真是讓我嚇了一條，一聽到零下三十八度我就已經想冬眠了，大家還願意出來上學，真是勇氣可嘉啊！如果是我，寧願做文盲也不要去學校！我跟大姐說，如果是「零上三十八度」，我們在香港可能也不用上學了（在香港，如果天氣太熱或者空氣污染太嚴重的話，有氣喘等呼吸疾病的同學是有權可以不上課的），她聽到這樣的說法也大吃一驚。這個世界真是妙極了！

大姐說，雖然黑熊會在芬蘭北部出沒，但是她這一輩子，也只看過一次野生黑熊的背影，而且記憶非常稀薄，是不是真的黑熊其實她也不知道。她說，黑熊本來就很怕人，所以突然碰到黑熊的機會其實不是很大，我們聽到之後當下鬆一口氣，只希望開車去機場的時候不會遇到就好了！

對於家鄉的反思

大姐跟我們解釋今天開車挺容易的，因為外面有零下七度，地上都是新雪，沒有冰，說著說著她自己就把外套脫掉了……大姐啊大姐，零下七度你覺得很熱嗎？我連在車裡都還要穿著羽絨外套呢！她說今天很暖和，可惜有點多雲，不然看到極光的機會很大！車子在路上一面奔馳，我們一邊閒聊著澳洲、香港和芬蘭的生活，突然希望自己可以對香港和澳洲有更多的認識，我真希望有天可以有足夠豐富的知識跟國外的朋友討論國情，而不是只膚淺地知道香港有什麼好吃的東西！

大姐跟我們說，芬蘭人的貧富差距不大，所以房子也沒有特別貴的，車子也沒有特別時尚的，彷彿大家都過著差不多的生活，反正時間到了就下班，夏天太陽還沒下山的話就去派對，日子就這樣過著。聽她這樣說，我記得來芬蘭之前做過資料蒐集，如果在芬蘭超速開車，罰款是根據那個人的收入來計算的，那就是說，如果有兩個人，一個收入高，一個收入低，同時開著一輛法拉利跑車，如果超速

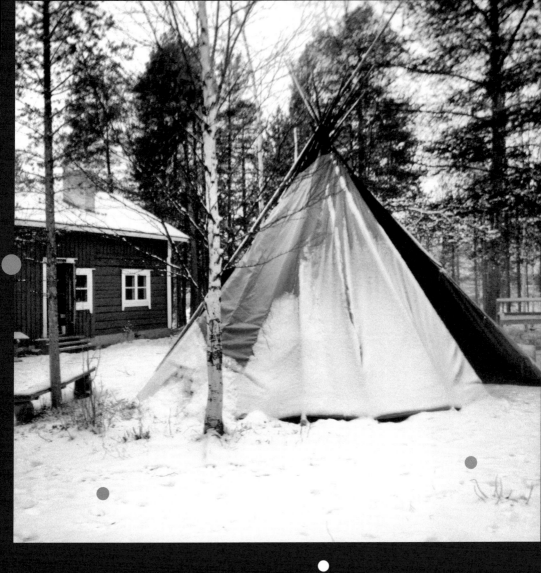

托大姐的福，我們竟然
有機會踏進了芬蘭人
的生活。

被抓住的話，收入比較低的那個人罰款也會比較少，而薪水高的那個人就會被罰得嚴重一些。這樣一說，我終於明白為什麼芬蘭的人總是過得那麼愜意，大家其實沒有必要那麼辛苦去賺錢吧？如果大家賺的都差不多，那大家交稅的錢也是差不多，大家得到的福利也是差不多了！

結冰的世界，未知的目的

說到這裡，大姐的電話突然響起，掛上電話後，她告訴我們她的姪子快要睡覺了。欸？謝謝你告訴我們，但是我們的友誼還沒有發展到要互相報告家裡狀況的地步吧？隨著車子越開越遠，偶爾我們會看到極光在天上跟我們擦身而過，芬蘭人形容極光像是狐狸擺動著尾巴在跳舞，其實真的很像。極光在天上慢慢地擺動著，我們的車子也在結了冰的世界高速滑行著……已經開了一個小時了，我開始懷疑到底大姐要把我們帶到什麼地方……難道我們要去北極看愛斯基摩人嗎？

沒多久，我們的車子在一個屋子前停下來，大姐示意我們已經到達目的地。嗯？不是要看極光嗎？我們來這裡做什麼？

迎接我們的是一個十幾歲的小男孩，原來他就是大姐的姪子！小男孩一臉不情願地跟我們說：「好久喔！如果還要一直等下去的話我就要去睡覺了，明天還要上學呢！」這個小帥哥真是太可愛了，他領著我們到馬路對面去看他的馴鹿──原來大姐所說的「看馴鹿」，就是這孩子的馴鹿嗎？真是有意思！農場裡面大概有二十隻馴鹿吧，晚上的馴鹿都很怕光，小帥哥想要喚醒牠們去吃草，牠們也不吃，外面天寒地凍，馴鹿一動也不想動我也能理解，誰要在這種天氣晚上九點起床吃飯呢？

我衷心地希望這種文化只停留在馴鹿身上，如果他們對心愛的狗啊馬啊
　　或者其他動物也是這樣的話，家裡會集滿多少動物的頭掛在牆上啊？」

GREEN LIGHTS
I AM SEARCHING
FOR YOU ...

極光下的奇遇

看完馴鹿我以為旅程就這麼結束了，結果大姐要我們進屋子裡——啥？要進去？會不會太打擾人家了？已經九點了耶！一陣不知所措之後，我們還是靦腆地跟著進屋了。

一進門，我們就看到一座鋼琴，鋼琴上有一大個馴鹿的頭——身為馴鹿的主人，這麼做不會很傷心嗎？主人告訴我們，這頭馴鹿拿了很多獎項，是他們很心愛的一頭馴鹿。我衷心地希望這種文化只停留在馴鹿身上，如果他們對心愛的狗啊馬啊或者其他動物也是這樣的話，家裡會集滿多少動物的頭掛在牆上啊？光是想到這樣的光景，我已經快要被嚇到心臟病發了！

房子的中間有個非常巨大的火爐，難怪芬蘭的聖誕老人都可以從煙囪爬進屋子裡——原來芬蘭的火爐這麼大，我覺得就算是一家人一起，也可以爬進去！大家邀請我們坐下之後，小帥哥開始用叉子在火爐旁邊烤香腸，接著還邀請我一起烤！我的天呀，這是什麼文化啊？晚上九點多在家裡烤肉？但恭敬不如從命，我一手拿過香腸，一邊還想問：

有小帥哥幫大家烤香腸，實在讓我有點受寵若驚！

正在北極圈
裡燒烤香腸
的我。

「等一下會有雞翅嗎？」但我看還是不要問了，在
芬蘭這些日子連一隻雞也沒有看到過，如果他們沒
有雞翅卻把馴鹿帶過來，我怕我會馬上吐出來！

看著眼前的一切──將近十點鐘的夜晚，兩個
從澳洲大老遠來到芬蘭伊納里看極光的人，在幾
乎不認識的芬蘭人家烤著不知名的香腸……這個
狀況真是奇妙到了極點啊！

而且，早知道我們會參觀芬蘭家庭的話，我
大概會穿得比較得體一些，可是我那時候外套
下只穿了一件短袖睡衣，是短袖耶！如果我把
外套脫掉一定嚇死人了！而且頭髮也沒有洗好，
整個頭髮像假髮一樣塌下去了，我這種狀態可能會讓芬蘭人留下對於亞洲人不
太舒服的印象吧！

跟極光一樣寶貴的旅程

烤完香腸，我們喝著芬蘭水果茶，吃著芬蘭蛋糕，繼續聊著香港、澳洲和芬
蘭的種種。突然間，我覺得我墜入了愛河，深深地愛上了芬蘭這個國家。希望
有一天還有機會再來拜訪這些可愛的芬蘭朋友，甚至搬來住一、二個月，好好
地了解當地文化。雖然還是無法接受在家裡的牆上掛著馴鹿的頭顱，但我烤香
腸的能力十分可圈可點！想到這裡，夜已經深了，也到了必須說再見的時刻，
我們在這個難忘的夜晚擁抱、道別，希望有機會在世界的另一端重逢。

激動的心靈還沒有平復，大姐突然說：「其實我們現在的位置跟挪威很近，
不然就開車去挪威看看吧！」

這是什麼世界啊？真是太誇張了！我們就這樣開車前往臨近的挪威小鎮逛了
一圈，一如所料，整個城鎮死寂一片──那當然了，說到底我們是在北極圈裡
頭耶，而且已經半夜十二點多了，如果街上還有人的話反而會嚇到我呢！今天

晚上實在過得太過充實，回程的路上大姐還是不忘我們要看極光的任務，我們想說，大姐，不用擔心極光了，我們今天晚上得到了跟極光一樣寶貴的旅程啊。

突然間，我們的車停在一個廣闊的森林前面，大姐說：「也許在這裡可以看到極光喔。」噢，可是外面那麼冷還是算了吧……我們不情不願地嘟囔著但還是下了車，那片刻世界突然安靜了，雪輕輕地飄落在臉上，極光在漫天的銀河陪襯下翩翩起舞，我們一下子被驚喜到目瞪口呆，連照片也忘了拍……

這就是傳統芬蘭人的家，再也沒有比這一刻更接近芬蘭了！

正當我們靜靜地感受著這宇宙的神奇景象，大姐的電話又再次響起——哇，大姐妳的生意做這麼大嗎，晚上一點鐘還有人打電話啊？結果原來是我們的飯店打來問大姐什麼時候會送我們回去！哇，是我們兩個闖出了名氣，還是這家飯店實在是太貼心了？我跟大姐打趣說，早知道你應該跟飯店說你把我們挾持了，現在正在一個沒有人知道的地方烤香腸呢！

DON'T LEAVE ME!

「稻荷壽司別為我哭泣！」

飛機別走啊！

結束了在伊納里的旅程，開車回羅瓦涅米機場的路上，雪下得越來越大，麥生雖然是個開車高手，但也開始害怕起來，慢慢地，我們的車從一般時速，變成了慢速，最後我們只能把車停在路邊了。

麥生開車的時候實在太緊張，連肌肉都變得非常緊繃，但是他還是眼泛淚光地跟我道歉：「如果等一下我們來不及趕上飛機請你千萬不要爆炸啊！」

我聽完之後忍不住「噗哧」笑了出來，麥生你這個人真是太可愛了，原來我生氣比上不了飛機更恐怖嗎？到現在才知道原來我在你心中是那麼可怕的一個人！結婚時不是說我是你的天使嗎？還是因為很害怕才說我是天使啊？

原本兩個小時的車程變成了四個小時，看著時間慢慢地過去，我們連一句話也說不出來。汽車裡充滿不安的沉默，其實我們心裡已經很清楚，可能趕不上這班飛機了。我不知道麥生那時在想些什麼（應該還是只有希望老婆大人不要生氣之類的吧），但我心裡一直在盤算著下一步該怎麼辦。我們在芬蘭赫爾辛基有預定青年旅館，若下午五點前沒有 Check in 的話就會自動取消，雖然尚未付款，但如果沒有房間的話要在哪裡

常會見到這個「NO」的標記貼在門上，每次看到就會忍不住笑出來，這個表情實在太逼真了！

過夜呢？而且第二天我們就要坐船去瑞典了，如果連這個都延誤了，那就真的完蛋了……想著想著，麥生居然戲劇性地默默上路，把我們完好無缺地送到機場──看看手錶，我們還有十分鐘，於是我們就像電視節目《驚險大挑戰》（*Amazing Race*）的參賽者一樣不要命地拔足狂奔，抵達機上的時候我喘得壽命也減少了幾年！

大家都覺得我們非常幸運吧？可是上了飛機之後我才發現，我居然把所有的文件還有行程資料全都遺忘了在航空公司的櫃檯上了……這一刻，我的內心突然響起歌劇《阿根廷，別為我哭泣》的旋律……（啊，不對！應該是「稻荷壽司別為我哭泣」！）

我們從羅瓦涅米到赫爾辛基是搭乘 Norwegian Air，我覺得跟同是廉價航空的澳洲 Jet Star 比較起來，Norwegian 的價格真的很公道，絕對沒有什麼額外附加的費用，而且還有免費 WIFI 可以使用，真的很棒！

250 EURO LATER

250 歐元之後

「我的腦海像是聽到電視劇裡醫生宣佈病人已經死亡的時候，
螢幕上心跳成一直線『嗶──』一聲的長長哀號！」

正所謂「千年道行一朝喪」，我大老遠從地球最南端跑到地球的最北端，途經火車、巴士、輪船、汽車，穿越了那麼多的國家、那麼多的時區，居然在旅程快要結束的時候才把那麼寶貴的重要資料遺忘在機場，難道上天是在取笑我嗎？還是在挑戰我的極限？

下飛機之後，我們馬上跟羅瓦涅米機場聯繫，希望有好心人可以幫助我們。剛開始的時候，航空公司的小姐說需要一個星期的時間才可以把東西送達。但是一個星期？我們已經在北京了耶，怎麼可以等一個星期呢？我一邊擔心怎麼拿回資料，一邊擔心可能來不及到青年旅館 Check in！我不想睡機場呀！最後，航空公司的小姐說，如果要讓文件明天前快遞到旅館的話，需要兩百五十歐元。

兩百五十歐元！

聽到這個價碼，我的腦海像是聽到電視劇裡醫生宣佈病人已經死亡的時候，螢幕上心跳成一直線「嗶──」一聲的長長哀號！這是我們整個旅程中最高的一筆花費，足夠買一張來回羅瓦涅米的機票了！我們幹嘛要花這個錢呢？

可是麥生是個怕麻煩的人，於是他很豪爽地說：「兩百五十歐元就給了吧，沒辦法。」就這麼一句「沒辦法」，事情就解決了。

前往旅館的路上，我難過得一句話也說不出來，非常生氣自己為什麼會那麼大意，居然把所有的文件都給忘了！兩百五十歐元就因為我一時不小心，白白地浪費了！我真的氣死自己了。

麥生看到我這個樣子，拍拍我的肩膀說：「錢可以解決的問題，其實就不是問題，不要難過了。」

聽到他這麼說，我忍不住掉下了眼淚，那是生氣自己的眼淚，也是感恩的眼淚。的確，在生命裡，只要金錢能解決的問題往往都不成問題了……

STOCKHOLM
THE CITY I'M
LONGING FOR

PART 04

哈囉！瑞 典

瑞典，這個距離澳洲有一萬多公里的國家，
我做夢也沒想到居然有機會能夠去拜訪！
從小，我就被那兒可愛的的設計和房子深深
吸引，除此之外，瑞典之於我來說還有一
個更深層的意義──那就是住著和我認識了
二十年的老朋友 Kristina！

·斯·德·哥·爾·摩·印·象·

斯德哥爾摩跟塔林都有舊城區，不過兩個地方的風格卻很不一樣，我覺得斯德哥爾摩更有現代感一些。

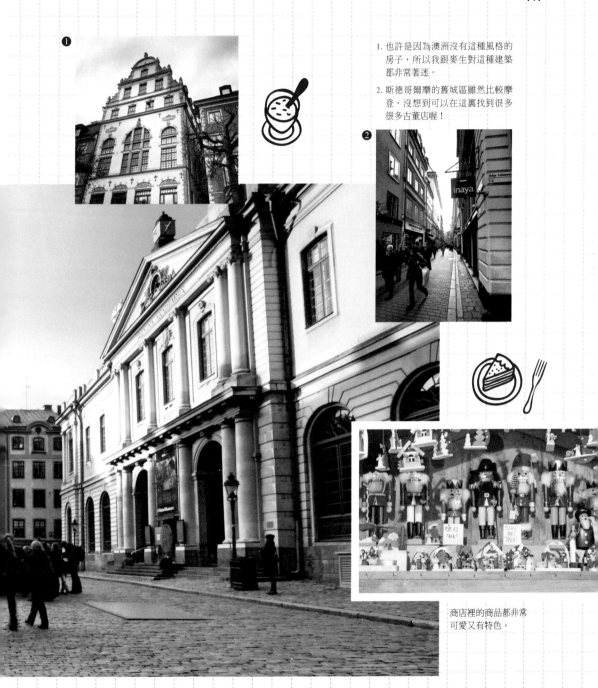

1. 也許是因為澳洲沒有這種風格的房子，所以我跟麥生對這種建築都非常著迷。

2. 斯德哥爾摩的舊城區雖然比較摩登，沒想到可以在這裏找到很多很多古董店喔！

商店裡的商品都非常可愛又有特色。

MEET YOU

相聚瑞典

「我跟瑞典女孩靠著信件來往許多年，
從此認識了異國的種種文化，也漸漸開啟對瑞典的嚮往。」

我跟瑞典有著非常奇妙的緣分。

十三歲那年，有天我在學校收到一封來自瑞典的電子郵件，一個瑞典女孩寫信問我要不要當筆友——在資訊發達的現在，還有人知道筆友是什麼嗎？那是網路剛開始的年代，我跟瑞典女孩靠著信件來往許多年，從此認識了異國的種種文化，也漸漸開啟對瑞典的嚮往。隨著科技發展，我們的友誼也從 Email、ICQ、MSN、Myspace…… 到 成 為 Facebook 好友。

可能因為如此，長大之後的我對北歐設計非常熱衷，經常研究北歐相關的旅遊和設計書籍，漸漸地，瑞典成為我的終極旅遊夢想之地！

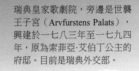

瑞典皇家歌劇院，旁邊是世襲王子宮（Arvfurstens Palats），興建於一七八三年至一七九四年，原為索菲亞·艾伯丁公主的府邸。目前是瑞典外交部。

但誰也沒想到，我居然有機會趁這次蜜月旅遊順道拜訪瑞典，雖然只有短短一天的時間，但也圓了我這長達二十年的夢。

燦爛奪目的斯德哥爾摩

我們再次坐上遊輪，有了上次搭船到塔林的經驗，我們在登船的時候特別詢問了一下升等的價格，原來只要付十歐元就可以升級到有窗戶的房間，真是讓人開心！房間高了一級，果然整個氣氛都不一樣了。不用在船的底層搖搖晃晃，而且從窗外看著芬蘭跟瑞典之間的島嶼，欣賞著波羅的海的優美景色，整個氣氛變得超級棒！

到達斯德哥爾摩的那個早晨，天氣異常地晴朗，碼頭有很多不同的觀光巴士，我們再次坐上 Hop-On Hop-Off Bus，觀賞著這個北歐強國。彩色的房子、石頭小路、古董商店、小小的特色咖啡廳

……北歐人你們實在是太幸運了，不但擁有那麼優良的交通設備，這些風景還漂亮得離譜，難怪你們是世界上最幸福的地方！

斯德哥爾摩跟赫爾辛基的風格截然不同，如果赫爾辛基是個清純漂亮的小姑娘，那麼充滿了活力的斯德哥爾摩就像個正值花樣年華、燦爛奪目的女子，在我們面前熱烈地展演她的輝煌與風情。

遇見「橋間之城」

斯德哥爾摩的舊城區格姆拉斯坦（Gamla Stan，又名老城）是個以橋樑連結的小島，一九八〇年前官方名稱為「橋間之城」（Staden mellan broarna）。城內有中世紀小巷、圓石街道和古式建築，充滿北日耳曼式風格。

斯德哥爾摩最古老的街道 Köpmangatan，在十四世紀就已經存在了！

瑞典的皇宮、斯德哥爾摩大教堂、諾貝爾博物館和斯托特奧蓋特（Stortorget）大廣場都位於格姆拉斯坦小島上。其中，斯托特奧蓋特是斯德哥爾摩最老的廣場，圍繞著廣場那幾棟色彩繽紛的房子經常在明信片和旅遊書上出現，名氣十分響亮。

我們在斯德哥爾摩的時間有限，本來打算從斯托特奧蓋特出發，再坐上 Hop-On Hop-Off 觀光巴士繼續遊覽整座城市，但我們實在是太無知了——斯托特奧蓋特的古老小巷、街道和建築真是不容小覷，它們實在是太有魅力了！即使沒有特別參觀教堂、博物館和餐廳，光是逛逛特色小店和古董店就已耗上了大半天的時間，連麥生這個不愛購物的男人也突然蠻勁上身，狂搜了好多紀念品！

1. 非常漂亮的古董店，就像走進了電影《哈利波特》一樣。

2. 在中國和俄羅斯都不能拍照的士兵，在瑞典卻可以盡情拍到飽！

3. 著名的斯托特奧蓋特大廣場，這幾座顏色鮮豔的建築成為了這裏的標誌。

與未曾謀面的老友「重逢」

這個蜜月旅程的重點之一，就是要跟我的筆友 Kristina 見面，和這個認識了快要二十年卻從來沒有見過面的老朋友，很快就要「重逢」了，不知道為什麼，我真是緊張得要命——一方面非常期待見面的那一刻，另一方面也很害怕，要是好不容易見到面卻無話可說的話，該怎麼辦呢？這種忽上忽下、像是要見到初戀情人一般的心

情，實在無法百分之百用文字確切地描述出來。

　　和 Kristina 約定了在火車站見面，可是粗心大意的我居然忘記了記下火車站的名字！雖然只要連上 Faecbook 看看對話內容，就可以找到火車站的名字，但瑞典跟四處都有免費 WIFI 的芬蘭不一樣，找了好久都沒有能連上網的地方，還好最後在麥當勞解決了問題，讓人緊張死了！

　　急急忙忙地奔走了老半天，終於在 Slussen 火車站見到 Kristina 了——當然我們就像失散了幾十年的親姐妹一樣，心情非常激動，話說個沒完沒了！Kristina 比我想像中要瘦得多，而且皮膚竟然比麥生還要白！能夠認識到一個瑞典人，真是人生中最奇異的一件事——誰會想到我們能維持一段二十年無法見面的友誼呢？

　　我們都慨嘆居然有機會能夠相聚，又聊到過去二十年的變化還有這次的旅行。世界真的很奇怪，瑞典的交通發達，交通費也合理，

1. 斯德哥爾摩跟塔林的街道很相似，不過瑞典畢竟是個大國，而且老城又跟瑞典皇宮連接在一起，所以感覺更繁榮！

2. 碼頭旁邊的普通房子也這麼可愛。

3. 從斯魯森地鐵站（Slussen）出來，就可以欣賞到斯德哥爾摩市中心美麗的景色。

4. 在老城拍照唯一的缺點就是有很多遊人，能拍到拍一張沒有人的「風景照」真的非常珍貴！

但去過日本和泰國的 Kristina 居然沒有去過鄰國芬蘭！真是讓我們大吃一驚。她解釋，芬蘭跟瑞典實在太近了，感覺什麼時候去都可以，而且生活文化也很相近，沒有什麼看頭，可是東南亞跟瑞典卻有天壤之別，相對芬蘭，她更喜歡去泰國！這讓我想到，我在香港的時候也沒有去過台灣，在澳洲長大的麥生也沒有去過紐西蘭，原因也不就是這樣嗎？

我們就這樣沒完沒了地一直聊著，只恨相聚的時間不夠長──之前的擔憂完全是浪費時間啊。雖然不知道什麼時候能夠再見面，但是我們都很高興有機會可以見到彼此，擁抱對方。我們說好了，千萬不要因為要道別而傷心，應該為過去的旅程而高歌！

遺憾的是我們在斯德哥爾摩的時間實在太過短暫，

只能盼望以後還有機會來拜訪這個漂亮的城市了。

拜託啊，諸天神佛！

我們實在是太沉醉於與老友相聚的感動和飽覽這個輝煌城市的景色了，竟忘了回程的時間！眼看著上船的時間快到了，我們疾步走回碼頭，卻看不到船的蹤影。這個時候我心中警鈴大響，問麥生：「我們的船泊在哪裡啊？」

走了二十分鐘，為什麼還沒有看到我們的船呢？這次真的是完蛋了，原來船比我們印象裡要遠得多很多！於是我們從慢慢走，變成疾步走，到最後發現真的來不及了又像《驚險大挑戰》一樣拚了老命地狂奔！為什麼每次回程都那麼趕呢？我一邊狂奔一邊拜託著我知道的諸天神佛，一定要讓我們趕上船啊！行李都在船上耶，拜託拜託一定要等等我們啊！不然我們明天從芬蘭飛到俄羅斯的行程一定會完蛋啊！

總之最後我們終於順利登船，我和麥生一臉慘白，喘得不成人形，連走路也走不成差一點要爬回房間……我發誓回到澳洲之後一定要進行短跑訓練，不然每次旅行都要跑成這種樣子，再過幾年哪裡還有這種能耐啊？

不過真的好險！我們連坐都沒有坐下，船就已經啟程了！如果再慢個五分鐘，恐怕這本書的名字就要改為《尋找他鄉》了吧……

斯德哥爾摩是個用橋樑把地方一個一個地連起來的城市。

世界上最小的一條街道。

看見街上那麼多人排隊拍照，還以為是什麼大事，
原來我們在無意中遇見瑞典皇室了！

麥生看到我買東西的狠勁，嚇得直說：「老婆，我
一直都不知道原來妳血拼的時候是這個模樣的，很
可怕啊！」

下船之後以為這就是斯德哥爾摩的舊城區，於是我
們瘋狂地拍照，後來走到真的舊城之後才發現那裡
更讓人歎為觀止。但這個碼頭也非常可愛，讓人不
忍移開目光。

PART 05

SO LONG 回程

HONEYMOON...

這趟勇闖東南西北的蜜月旅行終於要結束了，從澳洲到芬蘭北極圈裡的伊納里，我們的旅行算是非常順利，沒想到在回程的時候卻衰事連連，居然連班機都被取消了！還好最後我們還是化險為夷，順利地回到澳洲，度過了一個月的白色假期，現在我們終於回到陽光與海灘的懷抱。

BACK TO
COMMUNIST

回到共產

「我的媽呀，我不是在 Email 上面說了嗎？」

回程之前，我們在赫爾辛基度過了一個悠閒的下午，想好好地、慢慢地度過最後在芬蘭的時間。

我們預計從赫爾辛基途經莫斯科返回北京，在悠悠晃晃的最後時光，我用免費 WIFI 一直嘗試在俄羅斯航空的網站上 Check in，沒想到卻頻頻故障，所以我們提前到達赫爾辛基機場辦理登記手續。可是大家有沒有發現，這趟旅程的風格似乎是「回程的時候，必定會有突發事件」？說到這裡，大家也可以預料到，我們在機場又有什麼慘劇要上演了吧？

班機取消！

真的是很慘，因為我們坐的俄羅斯航空，無緣無故地把我們從莫斯科到北京的飛機給取消了——我們在赫爾辛基 Check in 的時候聽到這樣的消息，整個人都僵住了！芬蘭

人的英語都很好啊不是嗎？我們沒有聽錯吧，什麼取消班機啊？

　　我們企圖去搞清楚狀況，但一聽我整個人就爆發了，歇斯底里地指控著航空公司無辜的地勤小姐（後來想想，其實人家也只是聽從指令而已，什麼都不知道）沒有發給我們任何通知——她解釋其實已經有發了封 Email 給我們，但是我天天查電子信箱，哪裡有什麼通知啊！

　　這種情況下還是麥生比較理智一點，他問地勤小姐，那我們在莫斯科要怎麼前往北京呢？航空公司總不能什麼都不管，隨便把我們留在莫斯科吧？小姐解釋道，原本我們第二天要乘坐的下午一點鐘班機取消了，但因為一直沒有聯絡到我們，所以航空公司就幫我們安排了晚上九點的飛機。至於為什麼航班會被取消呢？是什麼時候取消的呢？航空公司是用什麼方法聯繫我們的呢？這位地勤小姐都沒有辦法解釋清楚！

　　而且，晚上九點！

　　還好我們原本就在莫斯科機場附近訂了一晚飯店，不然真的會瘋掉！原本的安排是從赫爾辛基飛到俄羅斯，晚上九點多抵達以後，在機場附近的飯店過一晚，第二天早上到機場搭乘下午一點的飛機前往北京，在北京過夜以後搭機返回澳洲。但現在航空公司把一點的飛機換成晚上九點，這樣我們就要在莫斯科再待上一整個白天的時間！

　　到達莫斯科的飯店之後，我們嘗試延遲 Check out 的時間，但最多也只能晚一個小時退房。我提議説，反正都到了這個地步了，不如就坐機場快線到莫斯科市中心看看好了？但麥生認為莫斯科的地下鐵實在太複雜，到了市中心之後又要費神研究怎麼回來……而且他一直擔心另外一個航班會不會也被取消，根本沒有心思去玩。

　　既然這樣，晚上九點以前的時間就只能在機場乾等了。

飯店也要被取消！

　　得知班機被取消之後，我們馬上聯繫北京的諾富特（Novotel）飯店，説明由於飛機延誤，所以我們在凌晨一點鐘左右才有辦法抵達，我們反覆解釋不是要取消住房，只是延遲 Check in 的時間而已。但不知道是電話訊號不好，還是接電話那位小姐的接收能力有問題？她一直表示前台幫不了我，必須要打電話去預約部門——那好吧，我就打電話去預約部門，結果電話一直沒有人接，等到有人接的時候他們説預約部門已經下班了，明日請早！

　　哎，急也沒有辦法，那麼簡單的事情，發封 Email 過去就可以搞定了，應該不會有什麼問題吧？

結果第二天早上起來收信，大事不妙了——預約部門的小姐説，如果晚上七點人還沒到的話，就要取消訂房了！我的媽呀，我不是在 Email 上面説了嗎？我也想七點來好不好？但我就是來不了嘛！問題是凌晨一點跟晚上七點不過差了幾個小時，只是要你等等我而已，又不是要你退錢，為什麼要那麼死板呢？飯店不是經常有旅客延遲入住的嗎？難道不可以靈活一點嗎？

好幾十封 Email 的往返之後，我放棄了，真是不知道中了什麼邪，每次回程的時候都那麼衰？大家別忘了，這些電話和 Email 都是用中文溝通的，沒有語言的障礙啊！

算了，只能另外想辦法。我寫了封 Email 聯繫 agoda.com（飯店是透過這個網站訂的），把事情的來龍去脈都告訴了他們。很快地，他們回覆事情已經處理好了，凌晨一點鐘入住沒有問題。

這次換我驚訝得合不攏嘴！為什麼我們周旋了一整天都沒有辦法處理的事情，agoda 只花一封 Email 的時間就搞定了呢？實在讓人不得不甘拜下風。

一個月的旅程，遊歷過那麼多個國家，就屬這兩天最折騰、最辛苦了！真是讓我啞口無言。

只能説，「歡迎來到共產國家」。

在莫斯科機場等候往北京的飛機時，所有俄羅斯人都這樣用保鮮膜包裹著行李，由於這樣做的人實在太多了，讓我們開始害怕是不是有哪條法律規定一定要這樣呢！不過好險我們沒有跟著這麼做，因為後來看到有個女生包了行李之後，航空公司表示行李超重，但她不想多付超重的費用，所以決定把行李箱打開，把部分行李拿出來放進隨身行李裡——她不但浪費了錢和時間在包裹保鮮膜上，還要花費好大力氣才能打開行李箱！真是聞者傷心，見者流淚啊！

GOING
HOME 回家

　　旅行總是讓人覺得時間過得好快，轉眼間我們的蜜月旅行已經結束了。雖然對歐洲充滿歷史感的光輝璀璨仍舊依依不捨，但抵達北京以後，我們簡直像是飢民一樣瘋狂地吃米飯和麵條——人家可能還以為我們剛剛從非洲或者是北韓回來！麥生雖然是個不折不扣的澳洲人，但那一刻我非常懷疑他的前世也許是個亞洲人，不吃飯就不舒服！

　　雖然回程中波折重重，但我們還是感恩旅行中沒有受苦，沒有遭遇搶劫或者是什麼意外！出發之前俄羅斯發生街頭暴動，我媽還特別打電話來，要我們取消

前往俄羅斯；但當我們身在俄羅斯之時，卻發現那裡超乎想像地安全！雖然莫斯科人很多，路上的汽車也開得像是完全沒有時速限制一樣，但街頭經常可以見到士兵和警察，有管理的感覺讓人很安心！在瑞典的時候，朋友也警告我們行動要小心，搶劫在歐洲非常盛行，但從北京、俄羅斯、芬蘭到瑞典，我們不時滑動著手機，有時候甚至連包包的拉鏈都沒拉好，但也沒有遇到不測。在芬蘭開車時經常看到馴鹿突然竄出，我們反而覺得那個時候最危險！

其實我們覺得，作為遊客只要不要態度囂張，對人有禮貌，隨時注意安全，用常識去判斷問題……就不會有什麼太大的問題。相對地，這個世界也會以善意回饋！

距離回家的日子越來越近，我們突然對澳洲充滿著思念。如果沒有旅行的話，我們就不會體會到自己國家的美好，所謂「身在福中不知福」就是這個意思吧？我突然好想念澳洲美好的天氣、高質素的食物、無聊的幽默……但最讓人懷念的，還是家裡的廁所！大家捫心自問，不管到什麼國家或朋友的家，哪裡可以找到比自己家裡更舒服的廁所和廁紙？

回到家裡，坐在熟悉的馬桶上用著軟硬適中的廁紙，這一刻我滿足地嘆氣—— 終於回到家了！

1. 北京的廁所。
2. 俄羅斯的廁所。
3. 芬蘭的廁所。
4. 瑞典的廁所居然沒有男女之分！

A TRAUELER'S LIFE

旅行的
意義

「這趟蜜月旅行，如果沒有我，他就不會啟程；
但如果沒有他，我也永遠無法抵達。」

　　整個旅程之中，芬蘭的一段是最難忘也最難下筆的。也許是因為在芬蘭北部那短短的幾天，我們認識了不少當地的朋友，而那些純樸的芬蘭人以單純的友誼深深地觸動了我們的心。即使相隔了六個月，我們對芬蘭的朋友和景色仍舊念念不忘。也許是在旅途中遇到了種種的人和事，這些點點滴滴，讓旅程中的每一個角落都擁有了非凡的意義。

　　前幾天看《驚險大挑戰》，有一集比賽在聖彼得堡舉行，過程中參賽者要找出戰船的位置，結果麥生很輕鬆地就說出了船的位置和前往的方式。麥生這個人平時總是傻乎乎的，在旅行的時候卻出奇地厲害——看地圖、在雪地開車……什麼都可以搞定。雖然他在旅行前沒有幫忙蒐集任何資料，但不管在哪個國家，只要有了地圖，他很自然地就找到了目的地。

這趟蜜月旅行，如果沒有我（作事前準備）他就不會啟程；但如果沒有他（指引路徑），我也永遠無法抵達（因為我一直在迷路）。

在撰寫這本書的時候，馬來西亞航空 MH17 在烏克蘭東部被擊落了，我跟麥生的心情都非常沈重。也許是剛從俄羅斯回來不久，所以這個新聞讓我們大受打擊。沒想到，經過無數的保安檢查，我們這些平民百姓被逼得連一瓶水也不能帶上飛機的時候，還是逃不了無情被擊落的命運。

看著新聞，我忍不住流下眼淚。正當大家紛紛議論著到底是誰造成的時刻，那些無辜人民的屍體，就這樣暴露在異鄉，真是讓人心痛。我想，不管這件事是誰做的，背後是不是有什麼陰謀，那些無辜的人們已經死了。不管實行多嚴格的安全檢查、不管飛機使用哪個航道……只要戰火沒停，這個世界每天都會處於危險中。大家千萬別忘了，當這架飛機被擊落的同時，以色列正無情地攻打著加薩走廊，無數平民也因此失去了生命和家園，何其無辜。如果有客機飛過這些戰火不斷的地區上空，也有可能會被一些笨蛋「不小心」地擊落。

作為一個熱愛旅遊的普通人，旅行是為了感受世界和人與人之間的美好。這趟旅程中，大部分時間都沒有語言優勢，但我們還是非常享受每一個瞬間、每個故事、每個景點，在旅程結束的時候，這所有的一切仍然觸動著我們的心靈。

我誠摯地希望，這個世界不會被無情的戰火改變，人民不會被政治和戰爭傷害，希望有一天，我們可以說走就走，隨意前往一些國家旅行，不用再害怕戰爭和動亂……

但願，世界和平。

Suki McMaster

探索紀行 24

東南西北度蜜月：從澳洲、俄羅斯到北歐，異想天開的爆笑跨國 Honeymoon

作者：譚蔚欣（Suki McMaster）
插畫：李佳樺、張舜傑
主編：俞聖柔
責任編輯：俞聖柔、張召儀
視覺設計：Renee

發行人：洪祺祥
第一編輯部總編輯：林慧美
法律顧問：建大法律事務所
財務顧問：高威會計事務所

出版：日月文化出版股份有限公司
製作：山岳文化
地址：台北市信義路三段 151 號 8 樓
電話：(02)2708-5509　傳真：(02)2708-6157
客服信箱：service@heliopolis.com.tw
網址：http://www.ezbooks.com.tw
郵撥帳號：19716071 日月文化出版股份有限公司

總經銷：聯合發行股份有限公司
電話：(02)2917-8022　傳真：(02)2915-7212
印刷：禾耕彩色印刷事業有限公司
初版：2015 年 4 月
定價：280 元
ISBN：978-986-248-460-9

國家圖書館出版品預行編目資料

東南西北度蜜月：從澳洲、俄羅斯到北歐，異想天開的爆笑跨國
Honeymoon / 譚蔚欣著 . -- 初版 . -- 臺北市：日月文化，2015.04
176 面；17*20 公分 . -- (探索紀行)
ISBN 978-986-248-460-9 (平裝)
1. 遊記 2. 世界地理
719　　　　　　　　　　　　　　　　　　　　　　104002818

日月文化集團
HELIOPOLIS
CULTURE GROUP

感謝您購買 東南西北遊蜜月

為提供完整服務與快速資訊，請詳細填寫以下資料，傳真至02-2708-6157或免貼郵票寄回，我們將不定期提供您最新資訊及最新優惠。

1. 姓名：＿＿＿＿＿＿＿＿＿＿＿＿＿＿＿　性別：□男　　□女

2. 生日：＿＿＿＿年＿＿＿＿月＿＿＿＿日　職業：＿＿＿＿＿

3. 電話：（請務必填寫一種聯絡方式）

　　（日）＿＿＿＿＿＿＿＿　（夜）＿＿＿＿＿＿＿＿　（手機）＿＿＿＿＿＿

4. 地址：□□□

5. 電子信箱：＿＿＿＿＿＿＿＿＿＿＿＿＿＿＿＿＿＿＿＿

6. 您從何處購買此書？□＿＿＿＿＿＿＿縣/市＿＿＿＿＿＿＿書店/量販超商

　　□＿＿＿＿＿＿＿網路書店　□書展　□郵購　□其他

7. 您何時購買此書？　　年　　月　　日

8. 您購買此書的原因：（可複選）

　　□對書的主題有興趣　□作者　□出版社　□工作所需　□生活所需
　　□資訊豐富　　□價格合理（若不合理，您覺得合理價格應為＿＿＿＿＿）
　　□封面/版面編排　□其他＿＿＿＿＿＿＿＿＿＿＿＿＿

9. 您從何處得知這本書的消息：　□書店　□網路／電子報　□量販超商　□報紙
　　□雜誌　□廣播　□電視　□他人推薦　□其他

10. 您對本書的評價：（1.非常滿意 2.滿意 3.普通 4.不滿意 5.非常不滿意）

　　書名＿＿＿＿　內容＿＿＿＿　封面設計＿＿＿＿　版面編排＿＿＿＿　文/譯筆＿＿＿＿

11. 您通常以何種方式購書？□書店　□網路　□傳真訂購　□郵政劃撥　□其他

12. 您最喜歡在何處買書？

　　□＿＿＿＿＿＿＿縣/市＿＿＿＿＿＿＿書店/量販超商　□網路書店

13. 您希望我們未來出版何種主題的書？＿＿＿＿＿＿＿＿＿＿＿＿＿

14. 您認為本書還須改進的地方？提供我們的建議？

　　＿＿＿＿＿＿＿＿＿＿＿＿＿＿＿＿＿＿＿＿＿＿＿＿＿＿

　　＿＿＿＿＿＿＿＿＿＿＿＿＿＿＿＿＿＿＿＿＿＿＿＿＿＿

　　＿＿＿＿＿＿＿＿＿＿＿＿＿＿＿＿＿＿＿＿＿＿＿＿＿＿